行政复议典型案例选编

第二辑

郜风涛 主编

国务院法制办公室行政复议司 编

中国法制出版社

CHINA LEGAL PUBLISHING HOUSE

编 辑 说 明

一、《行政复议典型案例选编》是国务院法制办公室行政复议司编辑的工作指导用书，计划每年至少出版一辑。

二、编辑本书的目的是，通过搜集、整理、评析具有示范作用的典型案例，总结行政复议工作经验，加强对全国行政复议工作的指导，促进行政复议工作规范化建设，提高行政复议人员的办案能力和水平。同时，也旨在推动行政执法部门依法行政，引导广大人民群众通过行政复议渠道依法维权，有效化解行政争议。

三、入选本书的案例，是国务院法制办公室行政复议司从各地方、各部门选送的行政复议案例中，经过反复研究、精心筛选后确定的。选编时主要掌握两个标准：一是入选案例应当具有典型性，可以为办理类似行政复议案件提供参考；二是入选案例的内容（包括行政复议决定和评析意见等）符合法律规定和法理要求。

四、每个案例由基本案情、焦点问题评析和办案体会三部分组成。这些案例都是由办案人员结合工作实践认真撰写的，并且一般都经过有关行政复议机构审核把关，具有较强的针对性、指导性和实用性。

本书编委会

目 录
Contents

第一编 综 合

第二编　行政复议范围

第三编　行政复议申请

第四编　行政复议审理方式

第五编　行政复议审查标准

第六编　行政复议证据

第七编　行政复议依据

第八编　行政复议决定

第九编　　行政复议指导监督

第一编 综 合

1 牢记"复议为民"，妥善化解社会矛盾

——仇甲不服某县人民政府土地承包经营权登记案

基本案情

申请人：仇甲

被申请人：某县人民政府

第三人：仇乙

申请人不服被申请人向第三人颁发农村土地承包经营权证（以下简称经营权证）的行为，向行政复议机关申请行政复议。

申请人认为，二轮土地承包时，村民委员会即与申请人签订承包合同，将第三人一轮承包的土地发包给申请人；同时，第三人已在其他村民组落户，并取得承包土地。现被申请人将涉案土地登记在第三人名下，侵害其权益。

被申请人认为，一轮土地承包时第三人承包了涉案土地。第三人举家外迁后（户籍一直未迁移），将涉案土地交由申请人代耕。二轮土地承包时，村民委员会延续了一轮承包。被申请人根据第三人与村民委员会重新签订的承包合同，将涉案土地登记在第三人名下符合法律规定。

第三人认为，其已依法办理农村土地承包经营权登记，但申请人没有办理。

行政复议机关认为，根据《农村土地承包法》第二十三条规定，农村土地承包经营权登记是行政机关对土地承包方取得土地承包经营权的一种行政确认行为。《农村土地承包经营权证管理办法》（农业部令第33号）第七条规定，被申请人根据土地承包方提交的材料进行形式审查，"符合规定"的，应予以登记。因此，被申请人在不知道村民委员会已将涉案土地发包给申请人的情况下，依据第三人的承包合同、村民委员会出具的延续一轮承包证明等材料，将涉案土地登记在第三人名下并无不当。但申请人已实际耕种多年，并早在二轮承包之时就签订承包合同，取得了承包经营权。被申请人将涉案土地登记在第三人名下又直接损害了申请人的权益。行政复议机关在双方承包合同效力争议没有解决之前，无论中止审理还是维持或者撤销被申请人的登记行为，都不能"定纷止争，案结事了"，缓和双方当事人的对立情绪。经过行政复议机关的努力，双方当事人最终接受调解，申请人让出一半承包地给第三人后，被申请人变更第三人承包经营权证。

焦点问题评析

一、行政复议机关能否直接认定土地承包合同的效力

本案的争议焦点是：村民委员会先后与申请人、第三人签订的两份土地承包合同的效力。

一种意见认为，尽管第三人一轮承包时取得涉案土地的承包经营权，但第三人并未参加二轮土地承包。多年来，第三人既没有享受集体经济组织成员权利，也未尽集体经济组织成员义务，且在落户村民组另行取得承包土地。因此，应依法认定第三人属落户村民组的集体经济组织成员，无权再主张涉案土地。村民委员会与第三人签订的承包合同，既没有经过民主议定，又没有按照法定程序进行，涉嫌"伪造"，行政复议机关应依法认定其无效。申请人与村民委员会签订的承包合同符合法律规定，应依法予以认定其合法性。被申请人未尽审慎审查义务，将申请人的土地承包经营权登记在第三人名下，属事实认定不清、证据不足、登记错误，理应撤销。

另一种意见认为，第三人与村民委员会签订承包合同，尽管没有经过民主议定，也没有履行法定程序，但行政复议机关在村民委员会与当事人均未宣布合同无效或者解除合同之前，不得直接否定第三人承包合同的效力。根据《行政复议法实施条例》第四十一条规定，行政复议机关应当中止行政复议案件审理，建议当事人就两份承包合同效力另行向法院提起民事诉讼。待法院作出合同效力认定后，再恢复行政复议审理。如当事人拒绝向法院提起民事诉讼，行政复议机关应当认定被申请人作出的经营权登记有事实依据，予以维持。

行政复议机关研究采纳第二种意见，认为行政复议机关在审理中不能直接对双方当事人的承包合同效力进行认定。行政复议权属于行政权，而承包合同效力认定属于司法权的管辖范畴；合同效力的认定应由双方当事人通过民事诉讼方式解决，不属于行政复议机关的审查范围。只要第三人承包合同符合《农村土地承包法》第二十一条第二款规定的合同形式要件，在无法律明确规定合同无效的情形下，行政复议机关就应当尊重当事人的意思自治，认可合同效力。根据《农村土地承包法》第二十二条"承包方自承包合同生效时取得土地承包经营权"的规定，被申请人在申请人没有办理经营权登记情况之下，根据第三人承包合同和村民委员会证明材料，经过形式审查，认定第三人取得涉案土地承包经营权，将其登记于第三人名下事实清楚、证据确凿、适用法律正确。双方当事人如拒绝向法院就承包合同效力另行提起民事诉讼，行政复议机关应当维持被申请人的登记行为。

二、行政登记行为能否适用调解方式结案

行政登记行为纠纷能否适用调解？《行政复议法》未作规定，《行政复议法实施条例》规定的行政调解也仅适用于行政机关行使自由裁量权、行政赔偿和行政补偿等几种情形。本案审理关键在于两份承包合同效力，本质上属于民事纠纷范畴。行政复议机关在审理案件时若避开这些民事关系，只针对被申请人登记行为作形式审查，就简单予以维持或撤销，实质上没有真正解决双方当事人的争议，势必造成讼累，加剧双方对峙。但是行政复议机关如对民事法律关系进行调查和

认定，也是于法无据，会出现行政行为的随意性。一旦与该案有关的民事纠纷又诉至法院，可能导致同样具有法律效力但互相冲突的民事判决和行政复议决定并存，就会对法院的司法权威和行政机关的公信力造成损害。

本案审理中，申请人和第三人最终在行政复议机关调解下达成协议：申请人让出一半承包地给第三人，撤回行政复议申请。被申请人随即变更第三人经营权证，并给申请人颁发经营权证，确认双方各自一半的经营权。

尽管行政行为的确定力理论限制行政行为的随意变更，但行政行为的确定力是相对的。行政登记纠纷根源在民事权属矛盾，运用行政复议调解，形式上是解决行政纠纷，实质上是化解民事矛盾。《行政复议法》虽然没有对行政登记行为纠纷能否适用调解作出明确规定，但并不代表实践中不能使用调解方式结案。在不损害国家、集体和其他公民合法利益的前提下，有利于化解社会矛盾的"调解"应当是可以适用的。行政登记复议中，在各方当事人利益均得到照顾的情况下，以调解结案，不仅可以纠正一些不合法情况，为相对人寻求救济提供了可能，同时也将一部分棘手和繁琐的民事矛盾、行政纠纷"彻底"地处理掉，减少社会质疑，缓和社会矛盾，在减轻政府压力的同时，也节约了司法资源。所以，适当扩大行政复议调解范围，灵活运用调解方式解决类似经营权登记（包括自然资源所有权、使用权权属的行政裁决和行政确权）纠纷，符合立法精神和法所追求的"稳定、和谐社会秩序"的根本价值目标。

办案体会

土地承包经营权登记关系农村稳定，涉及面广，处理起来难度较大。案件审理过程中，如果机械地适用法律往往容易造成一方当事人"合法不合情理"，另一方当事人"合情合理不合法"，导致法律调节与维护农村公序良俗和稳定的冲突，不利于矛盾的最终解决和农村社会的稳定。所以审理该类案件，不仅要求有全面的法律、政策知识，还要有丰富的群众工作经验。在审理过程中，行政复议机关要充分运用法律、政策甚至道德情理说服当事人，力争平衡各方利益，审理结果合法、合理、合情，做到"定纷止争，案结事了"。

一、注重"复议为民"理念

一要注重倾听申请人、第三人的陈述。要了解申请人真实想法和意愿，深入调查案情，研究分析问题的症结所在，抓住牛鼻子，把握案件调解主动权。二要深入争议现场。在本案审理过程中，行政复议人员先后两次冒雪勘验争议现场，走访农户，双方都深为感动，也因此缓和了对立情绪，愿意接受调解。三要注重方式方法。案件情况复杂多样，当事人性格差异也较大，案件处理不能简单机械，应结合案件实际和当事人的基本情况，注意方式方法的合理性和有效性。四要注重一揽子解决。对争议焦点多、但矛盾又不大的土地承包经营权登记案件，努力做好相关当事人工作，注重案件调解，争取案件纠纷一揽子解决。

二、立足矛盾彻底化解

案件审理不仅要追求法律的公平正义，还要追求良好的社会效果。类似土地承包经营权登记的行政复议案件，实质是私权利纠纷，如果仅做简单的形式审查而不着眼案件背后的实际利益诉求，不仅无法从根本上解决纠纷，而且可能造成案件各方当事人不断复议、诉讼、上访，既给双方当事人带来沉重负担，也增加了社会不稳定因素。促进当事人和解或者以调解结案，有利于矛盾化解，实现"定纷止争，案结事了"，达到法律效果与社会效果的统一。

三、尊重当事人意愿

调解必须尊重当事人意愿，以各方完全自愿、友好协商为基础，充分告知行政复议、诉讼可能出现的结果和风险，绝不能以欺瞒当事人的方式达到调解结案的目的。调解不成的，当维持则维持，当撤销则撤销，不能以压促调，以拖促调，以防引发新的矛盾。

四、注重发挥基层组织作用

较城市而言，农村是一个半封闭的熟人社会，更加注重亲情、伦理、道德对社会关系的维系。基层组织领导一般"土生土长"，具有较高的威望，其观念、语言以及调解角度选择、平衡点掌握均易为当事人信任和接受。同时，基层组织参与调解，也易形成舆论氛围，有利于协议的履行和监督。

（安徽省滁州市人民政府法制办公室提供）

2 数十年的林地争议经行政复议定纷争

——某林业科研所不服某区人民政府林权纠纷处理决定案

基本案情

申请人：某市林业科学研究所

被申请人：某区人民政府

第三人：某区永乐乡南乐村第五村民小组

争议地"煤炭山"（地名）的林地面积约 910 亩。1983 年 3 月，某地区行署办公室作出《关于将地区林科所、马鹿场部分荒山及疏林地划给林区内部分生产队作牧场或社员自留山的通知》（以下称 6 号通知）。1999 年因第三人村民梁某在申请人位于"煤炭山"的经营地块上建房，受到申请人阻止，遂引发纠纷。第三人认为争议林地应全部归其集体所有。申请人则认为，1983 年 3 月，政府作出 6 号通知后，申请人已按通知的要求将 910 亩林地划给第三人，现第三人以同样的理由再次主张申请人经营的 320 亩林地归其所有，没有事实根据。该案已经经过政府决定、行政复议维持政府决定、法院一审维持政府决定、法院二审撤销政府决定的复杂过程。2009 年 9 月，被申请人作出《关于永乐乡南乐村第五村民小组与某市林业科学研究所山林权属纠纷的处理决定书》（以下称 1 号处理决定），将争议地"煤炭山" 910 亩林地全部确定为第三人集体所有。申请人对此不服，向行政复议机关申请行政复议。

申请人认为，根据原地区行署办公室作出的 6 号通知，"地区林科所的煤炭山，面积 910 亩荒坡，调给永乐公社南乐大队第四、第五两个生产队作牧场及自留山"。在具体调整划分时，为照顾双方的利益，方便各自的经营管理，经与第三人协商一致，申请人将一部分不属于

7

现争议的林地按照山地坡向集中连片划给第三人经营，划出的土地面积已经达到910亩。6号通知已全面履行，1号处理决定再次将争议地确定归第三人集体所有是错误的，依法应予纠正。

被申请人认为，原地区行政公署6号通知明确将争议林地"煤炭山"910亩荒坡，调给第三人作牧场及自留山。由于第三人与申请人对争议地具体位置指认不一致而引发新的争议。为了弄清争议地"煤炭山"的具体位置，经组织与双方无利害关系的黄某等四人到现场指认，指认结果与被申请人认定的事实基本一致。因此，被申请人将争议地划归第三人集体所有是正确的。

行政复议机关认为，本案申请人使用的土地和第三人根据6号通知取得的土地均应认定为国有土地，1号处理决定将争议的国有林地又确认为集体所有，缺乏法律依据。同时，被申请人作出的1号处理决定忽略了申请人已将属其使用的910亩林地调整给第三人的事实。因此，1号处理决定认定事实不清，证据不足，行政复议机关决定予以撤销。

焦点问题评析

本案争议的焦点：1. 申请人与第三人争议的"煤炭山"林地属于国有林地还是集体土地；2. 将争议地确定为第三人集体所有是否合法、适当。

一、争议林地的性质

市林业科学研究所的前身是某林业试验站，成立于1956年，属差额拨款的事业单位。1965年6月17日，广西壮族自治区林业厅、广西壮族自治区水利电力厅联合作出《关于确定澄碧河水库四周山地为某林业试验站营造风景林的联合通知》（[65]林技字第018号、[65]水电管理（联）字第82号）；1965年11月22日百色地区行政公署作出《转发关于澄碧河水库四周山地划归广西林科所某分所营造风景林的通知》（[65]署林字第19号），明确澄碧河水库四周山地、水面岛屿及原林试站、原牧场等土地共约7万亩，除去其中插花农用地及道路共约 1 万亩以外，余下宜林荒山约 6 万亩划归某林业试验站，作为营造风景林用地，由某林业试验站负责统一规划，分年绿化造林，并附有澄碧河水库植物园规划图。根据《广西壮族自治区稳定山权林权、完善林业生产责任制暂行条例》（桂发〔1982〕36 号）第十一条关于"国营农场、林场、苗圃和农林科研单位的土地，原来已经划定界线的，应坚决维护国家所有，任何单位或个人不得侵占"的规定和原国家土地管理局《确定土地所有权和使用权的若干规定》（〔1995〕国土〔籍〕字第 26 号）第十六条第二款第二目的规定，本案申请人和第三人争议的林地属于国家所有。因此，被申请人将国有林地确定为第三人集体所有，缺乏法律依据。

二、第三人是否已经取得 910 亩林地的使用权

根据原百色地区行政公署 6 号通知的要求，本案申请人应将"煤炭山"910 亩荒坡划拨给第三人使用。根据行政复议机关查明的事实，第三人为澄碧河水库淹没搬迁队，1960 年从淹没区搬迁到现居住地。1982 年 12 月，地区行政公署林业局向自治区林业局上报的请示文件中载明，第三人和永乐公社南乐大队第四生产队"两队 68 户 373 人，现有山地 33 亩"。1983 年 7 月，被申请人向第三人颁发的《山界林权证》记载第三人有集体林地 1516 亩。同时，根据行政复议案卷材料记载，第三人林地面积少，1983 年 3 月，按照 6 号通知的要求，申请人将"煤炭山"910 亩荒坡调给永乐公社第四、第五两个生产队作牧场及自留山。在具体调整划分过程中，因需照顾双方的利益，方便各自的经营管理，经与第三人协商一致，申请人将一部分不属于现争议的林地按照山地坡向集中连片划给第三人经营，划出的土地面积已经达到 910 亩，第三人已经实际取得了 6 号通知所确定的林地，只是具体位置有所偏差。黄某等人对争议地"煤炭山"的指认材料只能作为对具体地名的确认，不能否认 910 亩林地已经调整给第三人使用的事实。被申请人作出 1 号处理决定，将争议地确定为第三人集体所有，属于认定事实不清，证据不足。

行政复议机关依法对该案进行审理，在查明案件事实的基础上，组织申请人、被申请人及第三人进行行政复议听证，充分听取行政复

议当事人的意见，并于 2010 年 3 月作出《行政复议决定书》，撤销 1 号处理决定。第三人不服行政复议决定向人民法院提起行政诉讼。某市中级人民法院作出《行政判决书》，判决维持了行政复议决定。第三人在法定期限内没有再提出上诉，行政复议决定发生了法律效力。

办案体会

一、林地权属争议日益增多，各级政府应引起高度重视

随着市场经济的深入发展，林业市场发展较快，植树造林规模化运作，林地价值不断攀升，有关林地权属纷争案件不断上升，各级政府应引起高度重视。以本案为例，1983 年政府已作出处理，明确划拨林地的面积和范围，因指界不清，1999 年发生林地权属争议，经政府处理、行政复议、法院一、二审判决，再次回到政府处理，争讼长达数十年，其间第三人还多次组织村民到各级政府进行群体性上访，造成很大的负面影响，最后经行政复议解决了行政争议。

二、作出山林土地权属争议处理决定应慎重考虑

当前一些地方政府注重经济指标任务，依法履行社会管理服务职能的意识不强，遇到矛盾纷争敷衍了事，甚至推诿责任。以本案为例，第三人认为争议林地属其集体所有，多次组织村民到各级政府进行群体性上访，某区人民政府没有对第三人林业"三定"后的土地的资源进行调查，仅凭无利害关系人的指证就作出 1 号处理决定，将争议地确权归第三人集体所有，引发行政复议案件。如果行政复议机关不认真履行法定职责，应付了事，简单作出维持的行政复议决定，不但不能从源头上化解争议，反而可能引发当事人对政府的不信任，影响各级政府的公信力。因此，对土地山林权属争议案件，各级政府要在本地区本部门反复细致、认真地组织调查，注重做好争议双方当事人的思想工作，力争促进当事人达成和解，真正把矛盾纠纷化解在基层，化解在初发阶段。

（广西壮族自治区百色市人民政府法制办公室提供）

3 妥善处理社会关注度高的行政复议案件

——某公司不服某海关商品归类征税决定案

基本案情

申请人：某公司

被申请人：某海关

申请人对某海关对其进口挖掘机链轨零件商品归类征税决定不服，向行政复议机关申请行政复议。

申请人认为，多年来，申请人一直申报进口挖掘机履带链轨零件，申报商品编码均为84314990。2009年6月，申请人以一般贸易方式再次向被申请人申报进口挖掘机履带链轨零件，申报商品编码依然为84314990，但被申请人并未提供合理解释和法律依据，要求将上述货物商品编码由84314990更改为73151900，并按照更改后商品编码的关税税率征收关税和进口环节增值税。被申请人的行为存在事实认定错误，法律程序不当以及法律依据不足等情况，请求撤销被申请人改变涉案货物商品归类的行为，依法退还由此多征的税款，同时请求以听证方式审理本案。

被申请人认为，根据《进出口税则商品及品目注释》对税目84.31的有关解释："装有配件（例如，缆夹、环、钩及弹簧钩）的缆索及链条如果与所属的配套机器一同报验的，应归入所属机器的有关税号；但如果单独报验的，则应归入第十五类（一般归入品目73.12或73.15）。"由于申请人申报进口的有关货物为链轨的零件，且未随挖掘机一同进口，属于税则注释中规定的"单独报验的则应归入第十五类（一般归入品目73.12或73.15）"的情况。因此，根据归类总规则一、六，被申请人将上述货物按挖掘机链轨零件归入73151900项下并无不当。

行政复议机关认为，被申请人根据《海关法》第二十四条、第四十二条和《进出口关税条例》（以下简称《关税条例》）第三条、第三十条及第三十一条规定进行商品归类。被申请人进行商品归类时，应在《商品名称及编码协调制度公约》商品分类目录体系下，以《海关进出口税则》（以下简称《税则》）为基础，根据《进出口税则商品及品目注释》、《中华人民共和国进出口税则本国子目注释》以及海关总署发布的关于商品归类的行政裁定、商品归类决定的要求，确定进出口货物商品编码。根据归类总规则一、六和《税则》第十五类类注二、第十六类类注一第七条、《税则》关于73.15的品目条文、《进出口税则商品及品目注释》关于73.15"钢铁链及其零件"和对84.31"专用于或主要用于品目84.25至84.30所列机械的零件"的注释，涉案挖掘机链轨零件应归入73151900。被申请人作出的具体行政行为符合《海关法》、《关税条例》及《海关进出口货物商品归类管理规定》等有关规定。因此，行政复议机关根据《行政复议法》第二十八条第一款第一项之规定，作出了维持的行政复议决定。

焦点问题评析

鉴于该案存在《海关行政复议办法》第五十六条第一项规定的情形，行政复议机关同意申请人的请求，就本案举行了听证，调查案件情况，听取申请人、被申请人意见，并通过调阅证据原件、查阅归类专业资料等方式对案件进行了合议审理。经审理，确定本案双方争议的焦点问题主要是挖掘机链轨零件的归类问题，即上述商品究竟应归入84.31品目，还是73.15品目。

一般来说，挖掘机链轨零件包括链轨节（左、右）、主链轨节（左、右）、销轴、销套、主销轴、主销套、紧固件（垫片）、螺栓、螺母等（行业名称有些许差异）。本案报关单项下涉案货物均为挖掘机链轨零件，包括履带节、销轴、销套、紧固套。挖掘机链轨是由平行的两个"链轨节"与"销轴"、"销套"各一个共四部分连续连接成具有一定长度的钢铁制链条，该链轨使用螺栓与履带板组装成挖掘机履带。此连接方式和状态符合《中华人民共和国国家标准—链条链轮术语》（GB/T 9785 - 2007/ISO 13203：2005）所示根据结构命名的"销合链条"特征，属于一种特种链条。

《税则》第十五类类注二规定："本协调制度所称'通用零件'是指：（一）税号 73.07、73.12、73.15、73.17 或 73.18 的物品及其他贱金属制的类似品；……"，明确了 73.15 品目项下的钢铁链及其零件属于税则所称的"通用零件"。《税则》第十六类类注一规定："本类不包括：……（七）第十五类类注二所规定的贱金属制通用零件（第十五类）及塑料制的类似品（第三十九章）；……"，明确了 73.15 品目项下钢铁链及其零件不应归入《税则》第十六类（包括但不限于84.31 品目）。

办案体会

本案发生时恰逢国际金融危机继续冲击实体经济的时期，行政管理相对人面临生存危机，而保障税收应收尽收又是海关的重要职责。受产业布局影响，全国 80% 以上的进口挖掘机链轨及其零件在该关区通关，为中国国内几乎所有的日韩品牌挖掘机整机企业提供生产配套。由于链轨类商品长年进口、涉税金额高，且直接影响到整个挖掘机制造产业，此案所涉主要企业在日韩两国挖掘机行业中具有重要地位，企业对海关更改商品编码并进行补税要求反应强烈。本案申请人即是其中的一家韩国投资企业。此案发生不久，关区另一家日资企业也就相同问题申请行政复议，其余数家企业也在密切关注此问题，行政复议案件如处理不妥，将会在行业内引起很大影响。

申请人一方面从归类技术、行业应用、关税政策、国外实例、国际公约等多个角度提出数十条深入而尖锐的抗辩理由，由国外本部派员来关交涉并曾书面声明"若行政复议结果维持海关意见，申请人保留通过诉讼方式维护我方合法权益的权利"；另一方面，地方政府来函表示关注，日韩两国总领事分别专程来关商讨，韩国外交通商部派员专程来海关提交官方书面材料并表达韩国政府对此问题的关切，替企业表达诉求。作为一起典型性案例，本案所产生的社会、政治影响较大。

行政复议机关对此事非常重视，分管法规、商品归类的有关领导直接主抓，多个部门直接参与，密切协同配合：一是通过大量查阅国家及国际标准、国外海关归类裁定和判例、行业领军企业专利文献、行业内部技术资料、学术论著和专业书籍，并联系权威专业机构，以大量的权威资料作为支撑，对涉案商品的归类问题进行了详细研究。二是积极请示汇报，争取有关部门的支持。海关总署政策法规司、关税司等有关部门人员，认真研究，及时答复，为案件正确处理提供支持和保障。三是依企业申请公开举行行政复议听证会，为企业提供充分阐述理由、与被申请人逐一对质辩论的机会，有效解决企业疑惑，提升行政复议公信力。四是提高政治敏感性。向外方政府代表、驻地方领事机构、地方政府部门及相关企业充分宣讲法律规定和归类依据，做好沟通，避免矛盾激化。在归类争议处理过程中始终坚持原则问题立场坚定、解释说明耐心细致、沟通态度有礼有节、程序适用于法有据，不出任何纰漏，将争议有效控制在归类技术问题范围内，成功防范了矛盾的激化和焦点的转移。经过行政复议审理，申请人最终接受海关的归类主张。经过近一年时间的不懈努力，挖掘机链轨零部件追补税问题所涉 10 家企业最终对商品归类的变更表示认同并补缴税款，该案并未引发行政诉讼。该类问题共计补税入库 2600 余万元，行政复议工作充分发挥了"定纷止争，案结事了"的作用。

（海关总署政策法规司提供）

4 通过行政复议化解具有历史遗留因素的土地权属争议

——刘某不服某县人民政府土地权属处理决定案

基本案情

申请人：刘某

被申请人：某县人民政府

第三人：某县城关镇某居民委员会

申请人不服某县人民政府作出的土地权属处理决定，向某市人民政府申请行政复议。

申请人认为，1999年5月，其与第三人（原为申请人所在村村民委员会）签订了《集体四荒地使用权依法有偿转让合同书》，取得一块荒地的50年使用权，并于2002年取得该地块《集体土地使用权证》（用途为林业）。2008年10月第三人就刘某取得的集体土地使用证提出异议，2009年被申请人作出土地权属处理决定，撤销该《集体土地使用权证》，被申请人认定事实不清，适用法律错误，请求予以撤销。

被申请人认为，1999年5月，申请人刘某同第三人签订《集体四荒地使用权依法有偿转让合同书》，第三人收取了800元转让金，刘某取得该村一块荒地的50年使用权，四至清晰，面积30亩。2002年7月，刘某就该宗荒地向被申请人申请土地登记，申请登记面积为54.96亩。被申请人为刘某颁发了《集体土地使用权证》，核准面积为54.96亩。2009年被申请人认为刘某申请登记土地权属来源不明，登记面积不实，违反了《土地登记规则》相关规定。而且被申请人已于1999年8月就该宗"四荒"地向刘某颁发了林权证书，确定了林业用途，再次颁发《集体土地使用证》系重复登记。因此，被申请人作出土地权属处理决定事实清楚，证据充分，适用法律正确，请求予以维持。

在法定期限内,第三人未提供任何答辩材料。

行政复议机关认为,依法有偿转让"四荒"地使用权,为农村"四荒"地治理,绿化植树造林,提高生态效益,搞活农村经济做出了重要贡献,应给予充分肯定。对受让"四荒"地使用权的个人应给予法律应有的保障,切实维护其因治理取得的利益。刘某持有的该宗"四荒"地林权证和集体土地使用证,虽证载使用面积存在偏差,但四至界畔完全一致,应给予认可。被申请人作出的土地权属处理决定认定事情不清,证据不足,适用依据错误。根据《行政复议法》第二十八条第三项的规定,撤销被申请人作出的土地权属处理决定。

行政复议决定作出后,第三人向某市中级人民法院提起行政诉讼,一审法院维持了市人民政府作出的行政复议决定。第三人继续向某省高级人民法院上诉,二审中上诉人自愿撤回上诉,案结事了。

焦点问题评析

本案焦点问题是:农民在申请《集体土地使用权证》过程中,存在申报面积不实,申报程序不规范等问题时,行政复议机关该如何裁决,是一撤了之,还是尊重客观实际,积极予以调解,促进社会和谐,维护经济关系的持续稳定。

本案中,第三人在一审行政诉讼中坚持认为,刘某取得《集体土地使用权证》之前没有进行公告,违反了《土地登记规则》有关规定。同时,刘某取得的《集体土地使用权证》面积存在偏差,大于原始的记录登记。因此,刘某取得的《集体土地使用权证》不合法,侵占了第三人集体所有的土地,被申请人应当撤销该集体土地使用权证。关于集体"四荒"地使用权的取得、流转方式,目前没有统一的法律来规范,实践中各个地方主要是根据国务院办公厅《关于治理开展农村"四荒"资源进一步加强水土保持工作的通知》(国办发〔1996〕23号)的精神,结合本地实际制定具体实施办法。因此,执行过程中难免会出现这样那样的问题。此案产生的原因之一,就是申请人刘某在"四荒"地使用权的取得、转让程序上没有严格按照当地人民政府出台的政策来执行，但是，刘某取得"四荒"地使用权却符合国家关于"四荒"地开发、治理的宗旨，为保持水土、提高生态效益、搞活农村经济做出了较大贡献。随着时间的变迁、经济的发展和土地效益的增值，各种利益主体之间矛盾日益显现，面对此种情形，政府是严格按照程序（其实也不是法定程序，只是地方人民政府为推动工作、有效管理而采取的措施，其科学性和合法性有待进一步审查）来撤销之前作出的不规范行政行为，损害群众既得利益；还是尊重客观实际，保护合法的既得利益者的利益，维护经济关系的稳定，促进经济社会持续发展？行政复议机关采取了第二种处理方式。理由如下：

一、刘某的行为没有违背依法有偿转让"四荒"地使用权的指导思想

本案发生的背景是国家希望进一步深化农村改革，加快"四荒"地开发利用步伐，促进农村经济迅速发展。1993 年该县县委、县政府出台了《依法有偿转让"四荒地"使用权暂行办法》，其指导思想是以搞活"四荒"地经营权为目的，对农村"四荒"地使用权依法转让，力促"四荒"地高速高效开发利用，推动农村经济跃上新台阶。申请人刘某积极响应党和人民政府号召，对该县"四荒"地进行开发治理，为绿化造林、提高生态效益，搞活农村经济做出了较大贡献。因此，刘某的行为符合"四荒"地开发治理宗旨，理应受到法律的保护。

二、刘某申报的土地登记面积与实际大小不符可以通过行政补救措施予以更正

本案中，被申请人认为刘某 1999 年依法取得的土地为 30 亩，后来申请登记面积为 54.96 亩，违反了《土地登记规则》。申请人刘某所承包的荒地为坡地，因为采用不同的勘测方法造成土地面积与林权登记面积不一致，行为人主观上没有过错，客观上刘某证载使用面积的四至界畔确定清晰，刘某一直在确定的范围内治理开发，因此不存在侵占集体土地使用权的主观意图和实际行为。对刘某证载使用面积的登记错误，行政机关可以重新测定予以补救变更，无须撤销已颁发的《集体土地使用权证》，造成不必要的行政成本浪费。

三、确认刘某与该"四荒"地使用权关系符合法律在构建和谐社会中的作用

法律具有协调人与自然的关系，为经济发展与自然环境的和谐提供制度支持，通过确认并保障正义标准的实现，协调主体利益之间的关系等作用。申请人刘某一直经营并支配该"四荒"地十余年，不仅为农村植树造林做出了一定成绩，也取得了较为稳定的经济效益，为搞活农村经济树立了典型，可以说是实现了"双赢"。如果仅仅由于刘某当初申请土地使用权证时程序不规范、申报面积不实等原因，而草率撤销其《集体土地使用权证》，不仅让刘某十多年来的劳动成果得不到合理回报，也会损害群众对党和人民政府的信任，影响党和人民政府各项政策在农村的有效实施。

办案体会

一、做好行政复议工作，必须坚定复议为民的指导思想

行政复议作为维护公民、法人和其他组织合法权益的法律途径，要求工作人员不能官官相护，要坚持有错必纠，否则就会走过场，失信于民，失去行政复议制度应有的作用。行政体制的设置有其利弊，如何扬长避短，趋利避害，需要我们在行政复议过程中学会适用法律、平衡利益，要在法律的规范下行为，不能让人情世故、个人利益凌驾于法律之上。行政复议必须尊重客观实际，维护社会公平正义、维护人民群众合法利益，要把行政复议工作当成政府联系群众的桥梁和纽带，当作为民服务的窗口。只有这样行政复议工作才能取信于民，才能树立其公正性、权威性，切实做到定纷止争，促进和谐社会建设。

二、做好行政复议工作，需要站在全局的高度作出行政复议决定

行政复议案件纷繁复杂，我们不能仅仅追求个案得到解决，更要注重个案背后的社会问题，要追求法律公正与实现社会效果和政治效果的统一。我们在办案过程中，往往会碰到一些时间跨度大的案子，这要求我们要了解争议的起因、争议发生时的历史背景，要看一个行为是否符合当时的法律法规及党和人民政府出台的相关政策，是否符

合社会主流价值评判标准，然后回归到个案。这样作出的行政复议决定，往往能统筹兼顾，既维护了法律的尊严，又让人民群众的利益得到了保护，有利于社会的和谐稳定。

三、做好行政复议工作，需要不断完善行政监督体制机制

虽然行政复议直接解决的是个案问题，但是也可以发挥"四两拨千斤"的作用，通过完善当前的行政监督体制机制，促进全社会依法行政。可以通过个案的解决，及时发现政府职能部门或下级人民政府工作中存在的普遍问题，探索建立行政复议预警机制。凡是类似案件屡次出现，或者在办案过程中发现带有共性的违法行为，要提请有关领导和部门共商处理，协助查清事实，及时纠正违法行为，让问题消除在萌芽状态。

（陕西省安康市人民政府法制办公室提供）

5 撤销违法行政行为，强化行政复议监督

——叶某不服某县人民政府两次颁发林地使用权证案

基本案情

申请人：叶某

被申请人：某县人民政府

第三人：张某

申请人对被申请人向第三人颁发的林权证不服，向市人民政府申请行政复议，请求撤销该林权证。

申请人认为，2004年6月6日，申请人与县世界银行贷款国家造林项目办公室签订承租合同，某村境内全沟转租给申请人，包括该地块林地使用权和林木所有权。由于申请人与第三人存在债务纠纷，被诉至县法院，县法院裁定将部分活林木抵偿给第三人所有。2007年11月6日，被申请人为第三人颁发林权证，将该地块的林木所有权及林地使用权确认给第三人所有。申请人对将活林木所有权给付第三人无异议，对将林地使用权确认给第三人提出异议。

被申请人认为，被申请人变更林权证主体合法，适用法律正确，内容有效。

第三人认为，县法院裁定中明确了第三人取得该地块林木所有权和林地使用权，裁定抵债的林木树龄只有30年，林业部门不予核发砍伐许可证，但是林木所有权人和林地使用权人应是一致的，不能分离。

经行政复议机关调解，被申请人于2009年11月30日自行撤销了该林权证，申请人撤回行政复议申请，行政复议终止。2009年12月28日，被申请人依据县法院裁定及协助执行通知单再次为第三人核发

同一文号林权证，将林地使用权再次确认给第三人所有。申请人不服，再次提出行政复议申请，请求撤销重新核发的林权证。

行政复议机关认为，县法院裁定将部分申请人所有的活林木抵偿给第三人所有，并不包括其活林木下的林地使用权。第三人在未向申请人支付林地使用权转让费的情况下，被申请人将林地使用权随活林木一并确认给第三人所有，无事实根据和法律依据，决定撤销该林权证。第三人不服，向法院起诉，一审法院判决维持市人民政府行政复议决定，第三人不服提起上诉，二审法院判决驳回上诉，维持原判。

焦点问题评析

一、被申请人将林地使用权随林木所有权一并确认给第三人所有，缺乏事实根据和法律依据

根据《林木和林地权属登记管理办法》第八条第三项规定，林权权利人申请办理变更登记或者注销登记时，应当提交林权依法变更或者灭失的有关证明文件。被申请人为第三人第一次核发林权证的依据是《活林木转让合同》，而被申请人和第三人在行政复议答复期间都没能提供出该合同。2009年11月30日，被申请人认为在办理林权证过程中存在瑕疵，以"依据活林木转让合同"核发林权证错误为由撤销了该林权证。12月28日，被申请人又以县法院裁定及协助执行通知单为依据再次为第三人核发了林权证，而县法院裁定只是将活林木作价后抵偿给第三人所有，被申请人将林地使用权随林木所有权一并确认给第三人所有，缺乏事实根据和法律依据。

二、被申请人的具体行政行为不但侵犯了申请人的土地承包权，也侵犯了县世界银行贷款国家造林项目办公室的发包权

《农村土地承包法》第三十七条第一款规定："土地承包经营权采取转包、出租、互换、转让或者其他方式流转，当事人双方应当签订书面合同。采取转让方式流转的，应当经发包方同意；采取转包、出租、互换或者其他方式流转的，应当报发包方备案。"申请人与县世界银行贷款国家造林项目办公室签订了承租合同，第三人在没有与申请

人签订土地承包经营权流转合同的情况下取得了林地所有权，侵犯了申请人的承包权和项目办的发包权。

三、行政复议机关试图通过转让林地使用承包权方式结案，调解未成

《森林法》第十五条规定，用材林、经济林、薪炭林及国务院规定的其他森林、林木和其他林地使用权可以依法转让。本案中，被申请人将林地使用权变更给第三人所有是错误的，即使变更，也应该有申请人和第三人签订的林地使用权转让合同。在行政复议案件审理过程中，行政复议机关进行调解，建议第三人可以通过向申请人支付林地使用权转让费的方式取得林地使用承包权，但由于在林地转让价格上存在争议，调解未成。

办案体会

一、行政复议为公民、法人和其他组织依法维权开辟了有效途径

行政复议具有方便、快捷、不收费等特点，越来越得到社会的重视和百姓的认可。经过几年来的宣传，人们对行政复议制度的了解程度已经有了很大提高，申请行政复议已经成为公民、法人和其他组织一条重要的行政救济途径。本案中申请人通过行政复议，有效地维护了自己的合法权益。

二、行政复议强化了行政系统内部层级监督，促进了行政机关依法行政

行政复议既是一种解决行政争议的活动，也是上级行政机关对下级行政机关的具体行政行为进行监督的一种活动。一方面，它对行政机关行使职权的行为进行监督，对违法或者不当的具体行政行为进行纠正；另一方面，又对行政机关依法行政起着促进作用。通过发挥行政复议的纠错功能，使下级执法机关认真查找造成错案的原因，从中吸取教训，进一步规范行政执法，提高执法水平。本案经过行政复议，依法纠正了违法的具体行政行为，促进了行政机关依法行政，真正把层级监督落到实处。

三、行政复议要真正做到纠正违法或者不当的具体行政行为，避免简单维持了事

本案受理后，行政复议机关经过认真研究，认为被申请人的具体行政行为明显错误，严重损害了申请人的合法权益。如果行政复议机关只是为了避免作出撤销决定后被诉至法院而简单维持了事，必然会损害政府工作形象，激起更大的社会矛盾，不利于社会的和谐稳定。因此，行政复议机关在办案过程中，要正确把握解决行政争议、纠正违法或者不当行政行为的定位，公正地处理好每一起行政复议案件。作为行政复议人员，更要充实各个领域的法律知识，这也是做好行政复议工作的基础，同时，要增强责任感和使命感，真正为维护公民、法人和其他组织的合法权益，促进社会和谐稳定作出贡献。

（辽宁省铁岭市人民政府法制办公室提供）

妥善处理民事与行政纠纷交叉案件

——卢某不服某区人民政府撤销
房产证和土地证案

基本案情

申请人：卢某

被申请人：某区人民政府

第三人：单某

第三人：某区房管局

第三人：某区国土局

第三人：G行某区支行

申请人不服被申请人作出的《某区人民政府关于撤销卢某持有的A号房产证和B号土地证的决定》，向某市人民政府申请行政复议。

申请人认为，被申请人作出的决定认定事实有误，适用法律明显错误，请求某市人民政府撤销该错误决定。

被申请人认为，本案争议房地产原属单某个人财产，其房地产权利转让应经本人书面签名同意，本案中单某与G行某区支行的房屋买卖合同中，无单某本人签字也无任何单某身份证明，且单某对双方房屋买卖合同中署名单某的签章不认可。因此，G行某区支行取得原单某房地产的行为不合法，随之转让给申请人的行为也不合法。且申请人明知涉案房产属争议房产，且其自述购买房屋的价格与房产部门登记的交易价格差额较大，故申请人取得房地产的行为不属于善意取得。被申请人作出的行政处理决定认定事实清楚、适用法律正确，请求某市人民政府依法维持。

第三人单某认为，被申请人认定事实无误，申请人的申请理由错误。申请人对该房地产不是善意取得，而是与G行某区支行恶意串通，侵占单某财产的行为。请求某市人民政府依法维持被申请人作出的决定。

第三人某区房管局、某区国土局、G行某区支行未进行书面答辩。

行政复议机关认为，被申请人作出的处理决定认定事实不清，其中认定申请人取得房地产的行为不属于善意取得，逾越了行政裁决权力范围，依法裁决撤销。

焦点问题评析

本案焦点问题在于：1. 卢某的行为是否满足民事法律规范规定的"善意取得"的构成要件；2. 政府处理决定能否认定卢某的行为是否为"善意取得"。

经查，1993年经单某申请，某区国土局为单某核拨了一块地基，并核发了用地许可证。单某在该地上建造了房屋，并于1997年1月17日向某区房管局申请办理了房产证。1995年5月29日至1996年10月4日期间，单某以自己经营的独资企业的名义向G行某区支行贷款共计50万元。单某又于1997年10月21日为G行某区支行写下"我公司在你行贷款50万元，以公司大院办公室作抵押，由于未办理房产证，以此作证"，但未去房管部门进行登记。后单某无力偿还贷款本息，被G行某区支行诉至某区人民法院。某区人民法院于1998年4月10日作出民事判决书，判决单某偿还贷款本息并承担诉讼费用，并于1998年4月21日作出保全裁定，对单某该处房地产予以查封抵贷。同年4月22日，独资企业与G行某区支行签订房屋转让协议，将该处房地产抵偿银行贷款。同年4月28日，G行某区支行办理了国有土地使用证，某区房管局为G行某区支行颁发了房产证。但单某以无房为由请求暂住上述房屋内，并照看上述院落。此后，单某的父母亲一直居住在该房屋、院落内。2002年11月3日，G行某区支行与卢某签订房屋转让协议，约定G行某区支行以25万元的价格将该处房地产出卖给卢某，同年11月12日G行某区支行以单某为被告向某区人民法院提起侵权之诉，请求单某停止侵权，立即搬出侵权居住的房屋。某区人民法院作出民事判决书判决单某立即停止侵占。单某拒绝在该判决书的送达回证上签字。2007年，经卢某和G行某区支行申请，某区国土局和房管局分别为卢某就该处房地产核发了A号房产证和B号土地证。卢某以单某为被告人向某区人民法院提起侵权之诉。诉讼期间，单某向某区人民政府申请撤销卢某持有的A号房产证和B号土地证。某区人民政府组织各当事人协商未果，作出行政裁决。卢某不服，提起行政复议申请。

根据《物权法》第一百零六条对"不动产善意取得"制度的规定，无权处分是善意取得的前提，即不动产善意取得的适用前提是登记簿上的记载事项存在错误，且当取得人依交易行为而取得不动产物权时，才发生善意取得的问题。善意取得主要适用于无权处分行为。所谓"善意"应以登记簿上是否有异议登记和取得人是否明知登记簿错误为依据。本案中，涉案房地产登记簿上的产权人为G行某区支行，且其上没有异议登记、变更登记或者设定抵押权登记。卢某在交易时，应当认定为是"善意"的。某区人民政府认为卢某是"恶意"的，却没有相关证据支持。而是否"善意"的举证责任原则上应由否认取得人为善意之人承担。这是因为，在我国由于法制还不十分健全、社会诚信度不足，造成登记簿错误的原因很多，不动产取得人很难进行相应的调查，从而发现登记簿错误。通过给不动产取得人施加探求真实权利状态的义务而将此种登记错误产生的风险完全转嫁到其身上，显然不公平。而且在交易过程中，要求不动产取得人不能完全信赖登记簿并必须尽到相应的调查核实义务，这无疑弱化了登记簿的公信力，对于法定的登记制度在实际生活中的执行不利，有损法制尊严。因此，如果被申请人不能证明卢某是"恶意"的，就应当推定他是"善意"的。因此，被申请人作出的处理决定认定事实不清。

更重要的是，"善意取得"制度是我国民事法律中的重要组成部分，其法定构成要件是否满足，应由国家民事审判机关依法裁判。被申请人作为一级行政机关，并无作出司法性裁决的权力，其作出认为卢某不属于善意取得的处理决定属于滥用职权行为。

办案体会

　　行政复议的审查阶段是关系到公民权利能否得到救济的一个关键阶段，但由于复议案件审查过程传统上还采用书面审查，注重审查引起行政争议的书面材料，包括行政复议申请人的书面申请书或者口头申请的笔录，被申请人作出具体行政行为的书面材料。因而，有学者直指传统上行政复议审理过程中的问题为"缺乏论辩的书面审理、无需说理的行政复议决定、缺少合意的程序过程等低规格的设计"，"缺乏程序要求的公开性"。

　　改革行政复议制度，将其功能定位由着重"内部监督"向着重"权利救济"转化是构建和谐社会的要求，也是社会管理方式创新的要求。促进行政复议程序的公开性是行政复议制度改革的一个关键点。一方面在行政复议审理过程中通过听证程序，保障行政复议申请人、第三人的知情权、辩论权；另一方面在行政复议决定书中增强说理性的内容。这样不仅可以使申请人、第三人的合法权益得到保护，而且也可以使行政复议当事人心悦诚服地接受行政复议决定。

　　由本案可以看出，被申请人对卢某的行为是否满足民事法律规范规定的"善意取得"的构成要件以及政府处理决定能否认定某行为是否为"善意取得"这两个焦点问题的认识并不准确，如果在行政复议决定书中不对"善意取得"的构成要件及政府行政行为的权限进行法理分析，被申请人对这些问题仍然不清楚，出现类似案件仍然有可能作出同样不适当的处理决定。行政复议决定说理性不强，即使能达到"内部监督"的效果，也只是治标，没有治本。如果仅仅将行政复议制度定位于"内部监督"制度，并不能达到有效纠正被申请人不当行政行为的效果。因此，行政复议机关必须把行政复议制度的功能定位由着重"内部监督"向着重"权利救济"转化，从而加强政府机关依法行政的能力。

（内蒙古自治区鄂尔多斯市人民政府法制办公室提供）

7 | 明确界定执法主体，避免出现执法混乱

——某液化石油气有限公司不服某市
工商行政管理局行政处罚案

基本案情

申请人：某液化石油气有限公司

被申请人：某市工商行政管理局

2010 年 3 月 15 日，被申请人根据举报，对申请人在购进的丙烷液化气中掺杂二甲醚后出售一案进行立案调查。在对其销售物品抽样取证后，委托化学工业气体质量监督检验中心进行检验。检测结果是二甲醚含量为 10.2，该销售物品不符合工业丙烷 95 号技术要求，但符合液化石油气的国家标准。被申请人以申请人在销售的丙烷中掺杂二甲醚涉案金额巨大，涉嫌刑事犯罪为由，将该案件移送至某市公安局经侦支队。公安机关认为该案不构成刑事犯罪，并将案件退回。

2010 年 7 月 28 日，被申请人作出行政处罚决定，认定申请人购入 24 吨二甲醚掺入丙烷中，以丙烷名义对外进行销售总计 148.004 吨，获销售款 670,928.27 元，获违法所得 41,468.53 元。被申请人根据《产品质量法》第五十条对申请人作出"1. 责令立即停止销售；2. 没收尚未销售的掺入二甲醚的丙烷 2 吨；3. 没收违法所得 41,468.53 元，处以违法销售产品货值金额 670,928.27 元的一倍罚款，即 670,928.27 元，罚没款合计 712,386.80 元"的处罚决定。申请人对被申请人作出的该处罚决定不服，向某市人民政府申请行政复议。

申请人认为，申请人所销售的民用液化气，经取样检验完全符合国家关于民用液化石油气的标准。申请人虽然购入的是工业用的 95 号丙烷，但是销售对象的用途全部是民用。被申请人将产品购置时的标准与产品实际使用用途的标准混为一谈，是在概念上造成的混淆，显然是不

合适的。而且二甲醚本身也是一种合格的燃气产品，国家建设部*已在2007年8月21日出台行业标准《城镇燃气用二甲醚》，并批准使用。

被申请人认为，工商行政管理机关的职能是承担流通领域内的产品质量监管。申请人核准的经营范围是：汽车用、民用液化气销售、汽车用、民用液化石油气钢瓶、炉具销售、安装汽车燃用液化石油气装置。但申请人却超出核准的经营方式，擅自从事加工行为，将购进的二甲醚掺入工业丙烷中，并以丙烷的名义对外销售，其目的就是非法获得二者之间的差价，进而损害了消费者的权益。民用液化气的主要成分为丙烷，但与本案的定性没有因果关系。申请人在销售丙烷中掺混二甲醚的行为违反了《产品质量法》第五条和第三十九条的有关规定，构成了在销售的产品中掺杂、掺假的违法行为。

行政复议机关认为，民用液化石油气是指以丙烷、丁烷为主要成分的民用液化气体燃料，是一种多种成分的混合物。丙烷是一种纯净物，属国家明令规定的危险化学品，国家对生产、销售、运输丙烷实行危险化学品许可证准入制度。申请人未持有丙烷的经营许可，只能按照核准的经营范围销售民用、车用液化石油气，申请人将二甲醚混合到丙烷中生成民用液化石油气后充装出售，属生产领域内的生产加工行为。国务院对质监、工商两个职能部门的职责权限已作出明确规定，质量监督部门负责在生产领域内对产品进行监督管理，工商行政管理机关负责在流通领域内对商品进行监督管理。申请人的该行为应由质监部门进行检查处理。根据《行政复议法》第二十八条第一款第三项第四目之规定，决定撤销被申请人作出的行政处罚决定。后来，该案件被移送至某市质量技术监督局进行查处。

焦点问题评析

一、申请人的行为应当认定为生产加工行为

本案中，工商行政管理部门核准申请人的经营范围是：汽车用、

---

* 现为住房和城乡建设部。——编者注

民用液化气销售、汽车用、民用液化石油气钢瓶、炉具销售、安装汽车燃用液化石油气装置。液化石油气在未充装钢瓶前无法直接进入市场向消费者销售。此时的液化石油气（未充装钢瓶）只能是产品，不能称之为商品。申请人将二甲醚混合到丙烷中生成民用液化石油气后充装，应属生产领域内的生产加工行为。此外，被申请人也认定申请人超出核准的经营方式，有擅自从事生产加工的行为。

二、本案的执法主体应当是质监部门

第一，国务院批准的《国家质量监督检验检疫总局主要职责内设机构和人员编制规定》和《国家工商行政管理总局主要职责内设机构和人员编制规定》中对质监、工商两个职能部门的职责权限已作出明确规定，质量监督部门主要"负责产品质量安全监督工作，管理产品质量安全强制检验、风险监控、国家监督抽查、国家免检工作，负责工业产品生产许可证管理和纤维质量监督检验工作，监督管理产品质量安全仲裁检验、鉴定，组织开展产品质量安全专项整治工作，依法查处产品质量违法行为，按分工打击假冒伪劣违法活动。根据国务院授权，组织协调全国有关专项打假活动"，即在生产领域内对产品进行监督管理。而工商行政管理机关主要"承担监督管理流通领域商品质量和流通环节食品安全的责任，组织开展有关服务领域消费维权工作，按分工查处假冒伪劣等违法行为"，即在流通领域内对商品进行监督管理。申请人将二甲醚混合到丙烷中生成民用液化石油气后充装，应属生产领域内的生产加工行为，对产品的监督检验应由质监部门进行。

第二，国家质量技术监督局等四部委联合下发的《联合开展液化石油气掺混二甲醚问题专项整治行动方案》（国质检执联［2010］349号）中将申请人的该行为明确为质监部门管辖。该文件规定"各地质监部门要对各类液化石油气充装单位全面进行抽样检查。对液化石油气中二甲醚的检测依据《城镇燃气用二甲醚》（CJ/T259）附录A进行；对液化石油气质量及其烃类组分的检测，依据《液化石油气》（GB11174）进行"。

第三，目前全国各地区都存在液化石油气掺杂掺假的突出问题，一些液化石油气充装单位涉嫌销售掺杂二甲醚的液化石油气，严重损害了消费者权益,并存在重大安全隐患。"安全责任重于泰山",这已经引起国务院和地方各级政府的高度重视。为严厉打击违法行为,消除安全隐患,切实维护人民群众生命财产安全,促进社会和谐稳定,就要加强对液化石油气行业相关企业的监督管理,明确界定液化石油气充装行为执法检查的主体,既避免出现多部门重复执法,又防止出现行政执法的真空,进一步规范液化石油气行业的生产经营行为和生产流通市场秩序。

办案体会

　　行政复议工作涉及业务范围广,法律性和政策性强。行政复议工作人员要担负起执法监督的职责,就要对执法单位的执法行为实施有效监督,就要成为这一领域的"行家里手"。行政复议案件办理质量的高低,直接关系到行政复议机关的形象,关系到行政复议机关的权威。本案中涉及的工商行政管理方面的法律法规专业性较强,而且案件情况复杂。在行政复议案件审理的各个环节,行政复议人员始终把行政复议质量摆在重要位置,始终绷紧质量这根弦,经不起推敲的行政复议结论不能轻率作出,真正把案件办成经得起考验的"铁案"。为此,行政复议办案人员翻阅查找了大量的专业法律法规、行业标准及相关资料,认真把好案件的事实关、证据关、定性关、适用法律关和程序关。根据《行政复议法》及《行政复议法实施条例》的规定,对于这一重大、复杂案件,认为有必要采取听证的方式进行公开审理。于是通过召开听证会让双方当事人陈述意见、表达意愿。通过听证员的询问和当事人的质证,使得案件事实更加清晰,为作出正确的行政复议决定奠定了坚实基础。

(辽宁省本溪市人民政府法制办公室提供)

第二编 行政复议范围

8 文物保护行为随城市化进程迅速纳入行政复议审查视野

——张某不服某市人民政府划定文物保护范围案

基本案情

申请人：张某

被申请人：某市人民政府

某市清溪巷9号房屋始建于明代，现存7进为清至民国建筑，申请人拥有其中部分房屋所有权。2005年，被申请人作出的《市政府公布第三批市级文物保护单位的通知》明确清溪巷为市级文物保护单位。2008年，被申请人下发《关于划定公布二至四批市级文物保护单位保护范围及建设控制地带的通知》（以下简称《通知》），其中划定清溪巷保护范围是包括申请人所居住的9号院在内的门牌号5至27号的20多组文物本体及其院落。2009年5月，申请人以清溪巷9号保护范围的划定不准确，违反文物保护的相关法律、法规为由，提出行政复议申请。

申请人认为，2005年市政府公布清溪巷是第三批市级文物保护单位。根据申报材料，文物保护单位"清溪巷"本体占地面积约2.11万平方米，包括申请人居住的9号院落在内的所有清溪巷文物本体建筑、院落及所有的历史遗存。而2008年市政府所发《通知》没有根据《文物保护法实施条例》第九条之规定，在清溪巷本体的基础上划定，而是沿着文物本体建筑及院落的墙身划定保护范围，违反文物保护的法律法规。同时，该《通知》将申请人居住的清溪巷9号第6、7进排除在文物保护单位本体建筑之外，违反了《文物保护法》的保护原则。

被申请人认为，2005年市政府下发的文件，只公布了文物保护单位的名称和简要地理位置说明。2.11万平方米仅是申报文本中对自然地理范围的粗略描述，并非实测文物保护单位文物本体的占地面积。文物保护单位具体内容应以申报文本中文物建筑分布平面图中所标示的范围为准，申报时未列入的建筑不属于文物保护单位的组成部分。根据2005年的申报文本，清溪巷9号第6、7进建筑不在申报范围之内，因此不属于文物保护单位清溪巷的文物本体。2008年市政府下发的《通知》是经过市规划、文物部门认真研究，统筹考虑后划定的，符合法律规定。

行政复议机关认为，《文物保护法》第十三条规定，市级和县级文物保护单位，分别由设区的市、自治州和县级人民政府核定公布，并报省、自治区、直辖市人民政府备案；第十五条规定，各级文物保护单位，分别由省、自治区、直辖市人民政府和市、县级人民政府划定必要的保护范围，作出标志说明，建立记录档案。清溪巷在2005年经被申请人确定为市级文物保护单位。2008年，经文物、规划部门共同研究，被申请人作出《通知》，划定清溪巷的保护范围符合上述法律规定。因此，行政复议机关作出了维持决定。

焦点问题评析

一、关于本案是否属于行政复议受案范围问题

行政机关依法定职权确定文物保护单位并划定保护范围和建设控制地带，是不是具体行政行为？本案应不应当受理？行政复议机关一收到本案行政复议申请，不同的观点就已出现。

一种观点认为，确定文物保护单位，应当根据《文物保护法》的规定进行。"文物保护单位"的具体定义，在《文物保护法》和《文

物保护法实施条例》里并没有明确，而是直接出现在不可移动文物一节，因此可以理解为不可移动文物中的一种，或者说保护级别最高的一种。根据文物类型，不可移动文物一般可分为古遗址、古墓葬、古建筑、石窟寺及石刻、近现代重要史迹及代表性建筑、其他等。其划分和确定是以一定标准进行的，这种标准应当是客观并且相对固定的。因此，"文物保护单位"的划定实际上属于技术性结论，类似于某种鉴定结论，不是具体行政行为，不属于行政复议的受案范围。

第二种观点在基本同意第一种观点阐明的事实的前提下，针对本案提出了应当受理的看法。这种观点认为，在目前我国尚未制定文物鉴定规范的情况下，把所有行政机关确定文物保护单位的行为，视为鉴定结论，排除在行政复议受案范围之外，不利于保护相关利害关系人的合法权益。如本案，由于2005年被申请人公布文物保护单位是"清溪巷"，没有涉及具体多少组文物本体，申请人当然可以视为所有清溪巷的古建筑甚至整个建筑群或者说风貌都是保护对象，都是文物本体。然而2008年，市政府又提出20多组文物本体说，排除了申请人的部分房屋，显然属于影响申请人权益的行为，申请人完全可以提出行政复议申请。

行政复议机关最终采纳了第二种观点，受理了本案。

二、关于2005年公布的文物保护单位"清溪巷"的本体面积应该如何确定问题

根据文物保护单位价值，文物保护单位一般分为国家级、省级、市级、县（市）级等几个级别，分别由国务院、省、市、县（市）人民政府公布。由于确定文物比较复杂，且何时公布有相当大的自由裁量权，因此，往往都是成批成批地公布，并将相关名称作为通知附件公布。但实际上，每一个公布出来的名称背后，都有一整套的申报材料，详细描画了每一个文物保护单位的坐落、形式、年代等要素。一旦这些材料经批准，也应当视为公布内容。本案在2005年的申报并经批准的材料中，确实不含清溪巷9号第6进、第7进建筑，但由于没有及时公布，造成申请人误解。

三、关于本案争议的 2008 年市政府《通知》是否侵害了申请人的合法权益问题

根据文物法的规定，文物保护单位必须建立"四有"：划定保护范围和建设控制地带，设立保护标志，建立科学记录档案，建立保护机构或有专人负责管理。

《文物保护法实施条例》第九条规定，文物保护单位的保护范围，是指对文物保护单位本体及周围一定范围实施重点保护的区域。文物保护单位的保护范围，应当根据文物保护单位的类别、规模、内容以及周围环境的历史和现实情况合理划定，并在文物保护单位本体之外保持一定的安全距离，确保文物保护单位的真实性和完整性。可见，划定文物保护单位的保护范围，是为了保护文物。本案清溪巷 9 号前 5 进保护线的划定是沿院落线而定的，虽然 9 号第 6 进、第 7 进建筑不是文物保护本体，但由于其处于清溪街区历史文化街区规划保护范围内，根据《历史文化名城名镇名村保护条例》的规定，历史文化街区规划保护面积内未被公布为文物保护单位的历史建筑依法仍受保护。因此，本案争议的 2008 年市政府《通知》关于清溪巷保护范围及建设控制地带的划定，将不会侵害申请人的合法权益。

至于文物保护单位到底是个什么概念，借用文物学家束有春的一段话说明：既然"文物保护单位"是由各级政府公布，并已在法律上予以确立并被广泛使用，建议《辞海》在下次修订时，应在"单位"一词后面增加一款解释："用于专指由各级政府通过法律手段予以公布保护的不可移动文物的定性定级，分全国重点文物保护单位、省级文物保护单位、市（县）级文物保护单位，如：大汶口遗址、南京城墙等。"如果不能做到这一点，则文物系统应该加强研究，给有历史价值、科学价值、艺术价值的文物古迹一个科学合理的定名。今天看来，我们可以用"国家级保护文物"、"省级保护文物"、"市级保护文物"、"县级保护文物"来对县级以上人民政府公布保护的文物古迹进行定性，而避免"单位"的混淆，同时也可克服现行的"全国重点"与"省级"、"市级"、"县级"称谓上的不一致现象。如：南京城墙，我们在陈述它的级别时，就说是"国家级保护文物"，在标志牌的第一

行用上这样的文字，比现在的"全国重点文物保护单位"表述要更加准确、简明。

办案体会

关于划定文物保护单位及其保护范围的行为是否属于行政复议范围的问题，在本案受理之初存在争议，行政复议机关经审查后予以受理。随着行政争议类型的不断增多，社会矛盾日益增加，拓展行政复议受案范围，把矛盾和纠纷引导到法定的渠道上来解决已成为共识。但是行政复议受案范围的扩大，要坚持适度扩大原则，既要实现更好地发挥行政复议在化解行政争议中的主渠道作用，又要充分考虑到行政体制改革过程中存在的现实问题，特别是要考虑现行行政体制的实际状况以及行政复议机构的承受能力等。

（江苏省人民政府法制办公室提供）

9 正确区分一般信访事项与行政不作为案件

——丁某不服保监会信访投诉处理案

基本案情

申请人：丁某

被申请人：保监会

申请人因对被申请人不履行监管职责的行为不服，向行政复议机关提起行政复议申请。

申请人认为，其在某银行分理处办理储蓄存款时，某保险公司业务人员伙同该分理处窗口营业员收取存款后出具了保险单据，而非存单。申请人已年近70岁，无法识别在银行经营场所出具的保险单据和存单的区别。申请人事后经家人提醒该欺诈行为后，要求退还存款，该保险公司拒绝。2010年10月28日，申请人向被申请人提交信访投诉申请书，申请被申请人根据《保险法》查处该保险公司欺诈行为，并责令其退还申请人存款本息，同时赔偿追索存款造成的损失。被申请人作出《信访投诉告知书》，拒绝对该保险公司进行查处，属于行政不作为。

被申请人认为，一是被申请人依法对申请人提出的信访事项进行了处理。在接到申请人的信访申诉件后，被申请人根据《信访条例》、《中国保险监督管理委员会信访工作办法》的规定，依法对申请人的信访事项进行了处理。在证据不充分的情况下，被申请人的工作人员与申请人进行了电话沟通，在获得申请人同意的基础上，被申请人经综合审定后认为该信访件属于《中国保险监督管理委员会信访工作办法》第二十条所列情形，根据该办法第二十四条的规定，被申请人于2010年10月29日作出《信访投诉告知书》，告知申请人："根据国务院《信访条例》第十四条、第二十二条及《中国保险监督管理委员会信访工作办法》第二十条的规定，已将您的来信转送某保险股份有限公司。您可以直接与该保险公司协商解决，或者依照《中华人民共和国民事诉讼法》有关规定向有管辖权的人民法院起诉。"同时，被申请人的该信访件主办部门向保险公司出具《举报投诉转办单》，将申请人的信访信件转送该公司，要求：1. 调查核实情况，并向投诉人直接回复。2. 于规定日期前回复调查及处理结果。被申请人的上述处理，符合法律规定；二是被申请人的处理方式尊重了申请人的意见，有利于申请人权益的保护。在转送某保险公司前，被申请人向申请人说明了拟处理意见，申请人无异议；在转送该保险公司后，被申请人继续跟进、督促该公司积极与申请人协商解决。综上，被申请人对申请人信访件的处理及时、合法、适当，请求驳回申请人的行政复议请求。

行政复议机关认为，被申请人存在不履行法定职责的情况。根据《行政复议法》第二十八条第一款第二项、第三项，《中国保险监督管理委员会行政复议办法》第三十七条第一款第二项、第三项的规定，行政复议机关决定撤销被申请人作出的《信访投诉告知书》，并要求被申请人在接到本决定后，根据《中国保险监督管理委员会信访工作办法》的规定，依法履行法定职责。

焦点问题评析

本案争议的焦点是：被申请人是否依法、适当履行了监管职责。

本案中，被申请人在接到申请人的信访件后，在法定时限内出具了《信访投诉告知书》。《中国保险监督管理委员会信访工作办法》对保险监督管理机构的信访事项作了规定，范围比较宽泛，其中也包括了申请人请求履行法定职责的投诉请求的处理。根据《中国保险监督管理委员会信访工作办法》第十八条、第十九条、第二十条以及第二十四条的规定，对于信访人反映保险违法行为的，中国保监会及其派出机构应当在各自的职责范围内受理。其中，如果信访人向中国保监会提出信访事项，依法应由派出机构受理的，中国保监会应当依法转送相关派出机构；对于信访人反映保险合同纠纷、投保纠纷等民事纠纷的，中国保监会及其派出机构不予受理，但应当转由保险公司、保险资产管理公司或者保险中介机构处理。

本案中，申请人提出的信访事项除涉及民事纠纷外，还明确提出了查处保险公司"欺诈行为"的请求。申请人在信访件中对于相关事件的基本情况作出了陈述，同时，提供了相关保险单据等材料的复印件。申请人的上述行为属于《中国保险监督管理委员会信访工作办法》中规定的信访人反映保险违法行为的情形。被申请人将申请人的信访信件全部转由保险公司处理，而未对信访人反映保险违法行为的投诉请求予以处理，并不妥当。至于被申请人在答辩中所称该信访件的处理方式事先获得了申请人同意，因该事由无相关证据予以证明，且亦不属于不予受理信访事项的法定事由，因此不应当予以支持。

办案体会

本案形式上属于对信访事项处理不服提起的行政复议案件，但是实质上是请求行政机关履行法定职责的投诉。《信访条例》对信访事项的界定比较宽泛，只要公民、法人或者其他组织采用书信、电子邮件、传真、电话、走访等形式，向各级人民政府、县级以上人民政府工作部门反映情况，提出建议、意见或者投诉请求，都属于信访行为，这其中对投诉请求的处理经常与一些法律中关于行政作为义务的规定相竞合。我国一些专门的法律法规中也规定了行政机关对违法行为进行查处的法定职责，其中有一些就涉及对公民、法人或者其他组织投诉的处理。行政机关对相对人投诉请求的处理，是否属于行政复议范围，就是值得研究的一个问题。

一、正确区分一般信访事项与不履行法定职责的行为

《信访条例》规定了信访机构对信访事项的处理程序、期限、方式等，信访人对信访处理意见不服，可以依法申请复查、复核；同时，对不依法办理信访事项的，由县级以上人民政府信访工作机构进行督办。对于信访与行政复议等法定机制的衔接问题，《信访条例》第二

十一条规定，对已经或者依法应当通过诉讼、仲裁、行政复议等法定途径解决的，不予受理，但应当告知信访人依照有关法律、行政法规规定程序向有关机关提出。因此，从现行的法律规定看，信访与行政复议等法定机制之间的界限和衔接是清楚的，依法应当通过行政复议、仲裁、诉讼等法定途径解决的信访请求，信访机构应当告知当事人走法律渠道，信访不予受理；同时，对于信访事项处理意见不服的，当事人可以依法申请复查、复核，信访复核之后，信访程序终结，也意味着不能再进入法定程序。从功能定位上来讲，信访是党和政府与人民群众沟通联系的渠道，是人民群众反映问题的渠道，而不是解决问题的主要渠道，问题的解决还是应当通过行政复议、诉讼、仲裁等法定渠道，这样才符合法治的精神。按照上述规定和原理，我们可以更好地把握一般信访处理与履行法定职责行为的界限，进而也更容易把握有关事项是否属于行政复议范围问题。比如，我国《保险法》明确规定保险监管机构"依照本法和国务院的规定"履行保险监管职责；同时，保监会"三定方案"也明确保险监管机构对保险机构和保险从业人员违法违规行为进行调查和处罚的职责。《中国保险监督管理委员会信访工作办法》对信访事项的处理程序作了分类规定，其中对保险违法行为和纯粹的保险纠纷两类事项的处理程序并不相同。本案的被申请人在信访事项的处理过程中，在法定程序及时限的遵守方面并无瑕疵，但在纯粹的保险纠纷和涉及保险违法行为的保险纠纷的区分和判定方面出现了偏差。由于保险监管机构负有对保险违法行为进行查处的职责，因此，申请人的投诉请求就不是普通的信访事项，对于涉及保险违法行为的保险纠纷，实质上是请求行政机关履行法定职责的请求，对此，不能简单的不予受理、直接转送相关保险公司处理，而需要就其中涉嫌保险违法的情况进行相应的调查、处理。鉴于申请人的投诉请求与其个人利益直接相关，而且涉及保监会的法定职责，因此，行政复议机关最终受理了本案。

二、保险监管职责应当依法履行

根据《中国保险监督管理委员会信访工作办法》的规定，信访人只要对相关涉嫌保险违法事实的基本情况作出了陈述，并提供了一定的证据或线索，就符合该办法规定的信访人反映保险违法行为的情形，保险监管机构就应当依法进行查处。信访人并无义务对于相关行为的事实、性质、情节以及社会危害程度等承担完全的举证责任。

此外，还需要注意的是，在信访事项的处理过程中，信访人的同意不能成为被申请人免于履行相关职责的法定事由，即便被申请人能够提供信访人当初同意的证据，仍然不能据此判定被申请人在履行职责方面不存在瑕疵，何况本案中申请人事后反悔。因此，对于被申请人而言，能够全面、清晰地理解自身法定职责的范围、行使方式和程序，是其作出的具体行政行为合法、适当的重要保障。

（中国保险监督管理委员会法规部提供）

10 上级机关对下级机关请示所作批复是否属于 行政复议范围

——王某不服某省民政厅不予评残案

基本案情

申请人：王某

被申请人：某省民政厅

申请人系某县公安局民警。2000 年 10 月 7 日，申请人在石塘村勘察高压线被盗现场时触及连接厂矿的高压电线断端，被高压电击伤致残。2003 年，申请人申请评残，申请材料经由县民政局逐级上报至被申请人。被申请人作出《关于邬某等十三位同志残疾抚恤的批复》（民优函〔2007〕197 号），认为"王某系接触高压电线时被击伤，并非无法抗拒或无法预料的事故造成，不宜评残"，申请人不服申请行政复议。

申请人认为，2000 年 10 月 7 日，石塘村干部向供电所报告高压线被盗，供电所已将被盗线路断电，但在申请人勘察现场时高压线突然来电，导致申请人被高压电击伤致残。申请人伤残是由于意外事故造成的，符合评残条件。另外，伤残事故发生于 2000 年，被申请人适用 2004 年公布的《军人抚恤优待条例》属于法律适用错误。

被申请人认为，根据《军人抚恤优待条例》（2004 年公布）的规定，当事人需因"意外事件"（即无法抗拒或无法预料造成的情形或事故）致残才能评残。申请人是完全民事行为能力人，应该能够预知高压电线断端可能对人体造成的伤害，但由于其本人的疏忽造成伤残的后果，不符合评残条件，被申请人经审查作出的《关于邬某等十三位同志残疾抚恤的批复》是合法适当的。

行政复议机关认为，申请人被盗割后的高压线电击致残是否属于意外事件，应当根据具体情形确定，包括申请人接触高压线前是否已确认勘察现场安全、是否采取了安全措施、接触高压线的位置、被盗割线路来电原因等。被申请人没有查实上述具体情形，仅凭申请人接触高压线被电击伤的事实就认定申请人致残不是意外事件，证据不足，理由不充分。致残事件发生于 2000 年，评残标准应当适用当时的规定，被申请人适用 2004 年《军人抚恤优待条例》，属于法律适用错误。申请人评残条件应适用 1996 年公安部和民政部联合公布的《公安机关人民警察抚恤办法》的规定，即人民警察在维护社会治安，抢救、保护人民生命、国家和集体财产、其他公民的合法财产中致残属于因公致残。申请人符合该规定，应当准予评残。综上，被申请人对申请人的不予评残决定，事实不清，适用依据错误。行政复议机关决定撤销被申请人不予评残决定，责令被申请人对申请人予以伤残评定。目前，被申请人已为申请人评残，申请人已领取伤残抚恤金。

焦点问题评析

一、不服上级机关对下级机关请示所作的批复能否申请行政复议

这一问题要具体问题具体分析，主要是看该批复是否属于具体行政行为，是否属于外部行政行为，即其内容是否涉及公民、法人和其他组织的合法权益。如果是具体行政行为，涉及公民、法人和其他组织的合法权益，公民、法人和其他组织认为其合法权益受到侵害，其行政复议申请应当受理，反之则不能受理。为了避免混淆，行政机关对当事人权益有实质影响的决定，最好都以行政决定的形式作出并送达当事人。因为行政决定较内部批文有更为严格的形式要求，包括要写明作出具体行政行为的事实根据、法律依据，要告知当事人救济权利等，而以批复形式作出的具体行政行为，由于不遵从上述要求，不利于保护当事人的合法权益，也不利于促进行政机关依法行政。本案中，从形式上看，《关于邹某等十三位同志残疾抚恤的批复》（民优函〔2007〕197 号）是被申请人针对某市民政局请示的内部批文；但从内容上看，该批复对是否给予申请人评残作出了有约束力的评价，涉及

对申请人合法权益的处置，属于具体行政行为，申请人对此不服可以申请行政复议。

二、申请人被高压电击伤是否是意外事件的证明责任

行政复议中被申请人负举证责任，也就是说被申请人对其作出的具体行政行为合法性、合理性负有证明责任，无法证明的，则应当承担举证不能的不利后果。本案中，被申请人以申请人伤残不是意外事件造成为由，决定不予评残。因此，被申请人对申请人被电击不是意外事件负有举证责任，而准确判断是否是意外事件的前提是查清事故发生的过程和原因。本案中，被申请人没有调查核实事故发生经过及原因，仅凭申请人接触高压线被电击伤的事实就认定申请人致残不是意外事件，证据不足，理由不充分，因此要承担举证不能的责任。

三、申请人评残标准的法律适用

关于新旧法交替时的法律适用原则，行政复议机关审查具体行政行为的合法性时，实体问题适用旧法的规定（相对人行为作出时的法律），程序问题适用新法的规定（具体行政行为作出时的法律），即"实体从旧，程序从新"。结合本案，评残标准属于实体问题范畴，应当适用伤残事件发生时的规定，而评残程序则应当适用被申请人作出评残决定时的规定。申请人致残事件发生于2000年，被申请人适用2004年公布施行的《军人抚恤优待条例》中规定的评残标准，明显不当。

申请人的评残标准应适用何种规定，须具体分析。1989年8月4日民政部发布《关于国家机关工作人员、人民警察伤亡抚恤如何办理的通知》，规定人民警察的伤残评定参照《军人抚恤优待条例》（1988年公布，2004年第1次修订，2011年第2次修订）的有关规定办理。而1996年11月19日，公安部和民政部又针对公安机关人民警察的伤亡抚恤问题联合公布了《公安机关人民警察抚恤办法》。申请人伤残评定应当适用哪个规定？综合分析，应当适用《公安机关人民警察抚恤办法》。主要理由：一是根据后法优于前法、特别规定优于一般规定的法律适用原则；二是根据有利于当事人的原则。《军人抚恤优待条例》（1988年公布）要求伤残需由"意外事件"造成才能评残，而

《公安机关人民警察抚恤办法》规定，人民警察在维护社会治安、抢救、保护人民生命、国家和集体财产、其他公民的合法财产中致残的皆属于因公致残，不要求必须是意外事件，其评残标准中对当事人的注意义务明显低于《军人抚恤优待条例》（1988 年公布）的规定。人民警察工作的危险性明显高于一般工作，对其注意义务过高要求，不利于其开展工作，因此，从有利于当事人的角度出发，综合考虑评残的社会效果因素，对于申请人的评残应当适用《公安机关人民警察抚恤办法》。

办案体会

一、注重实地调查，为行政复议案件办理提供事实依据

申请人被高压电击伤的事故发生在 2000 年，距行政复议机关审理本案有 9 年之久，对于申请人受伤经过，没有相关材料予以说明，而这是其能否评残的核心，也是本案的难点所在。为查清这一问题，行政复议机关和被申请人一起先后两次前往事发地，当面向申请人单位和相关人员了解事发时的详细情况，收集了大量的证人证言，为行政复议机关准确把握申请人受伤的事实经过提供了证据材料。经实地调查了解，申请人是在石塘村村干部已向供电所报告高压线被盗，且勘察现场已有两人接触高压电线断端无恙的情况下上前查看，突然被高压电击伤的。这些查明的事实，说明申请人已尽到了相当的注意义务。

二、灵活运用听证手段，增强行政复议的透明度和公信力

因申请人和被申请人就案件发生的事实经过、法律适用等问题存在较大分歧，行政复议机关专门组织召开了听证会。为了确保听证会顺利召开，达到预期效果，行政复议机关做了大量的前期准备工作，重点总结案件焦点问题。由于涉及法律适用问题，行政复议机关还专门邀请了有关法律专家旁听。听证会上，通过行政复议听证人员的引导，争议双方围绕申请人是否尽到注意义务、被申请人作出的不予评残决定法律适用是否正确展开了充分的陈述、辩论，听证人员还就一些尚不明确的问题向双方询问。行政复议听证增强了行政复议的透明

度和公信力，对于澄清案件事实，防止行政复议机关偏听偏信、主观臆断，从程序上保护当事人的合法权益起着重要作用。

三、善于借助专家力量，为行政复议案件办理提供智力支持

一般情况下被截断的高压线是不会带电的，但申请人为何会被击伤，这涉及电力学的专门知识。为调查清楚事故发生原因，行政复议机关专门走访电力部门，咨询有关专家，并制作咨询笔录。经咨询获知，如果盗贼盗窃高压线前将电线搭在高压线上，电线头尾接地，供电所就自动跳闸，在电线没有被拿下来之前，供电所的电闸不能合上，无法送电。被盗高压线的连接厂矿的断端带电的原因有多种可能：其一，下游厂矿企业操作不规范，发电时没有将开关断开，余电回流到高压线路上；其二，如果下游的厂矿企业不止连接一个供电所，其他的供电所发电也可能传输到高压线上；其三，三股高压线中有一股没有被割断，电流可能通过这股高压线传输到断端。高压线断端带电有多种原因，专业性极强。因此，被申请人认为申请人应明知被截断的高压线断端带电、具有高度危险性，是对其注意义务的过高要求。

另外，在听证会召开后，行政复议机关及时组织有关省政府法律顾问进行专家咨询论证，专家一致认为：申请人评残条件应当适用1996年公安部和民政部联合公布的《公安机关人民警察抚恤办法》，而不应当适用2004年公布的《军人优待抚恤条例》；对于意外事件的认定标准，民政部门的理解过于严格，与立法本意不一致。法学专家的论证意见为行政复议机关准确作出行政复议决定提供了法律支撑。

（安徽省人民政府法制办公室提供）

民事争议不属于行政复议审查范围

——某公司不服商标局不予核准
商标转让申请案

基本案情

申请人：某公司

被申请人：商标局

2009 年 5 月 8 日，申请人在与自然人丁某达成商标转让协议后，委托某商标事务所向被申请人提交商标转让申请，申请将第 4201146 号"SWALLOW"商标由丁某转让给申请人。2009 年 7 月 3 日，某区人民法院向被申请人送达（2009）金法执字第 3661 号协助执行通知书，要求被申请人对丁某所持有的第 4201146 号"SWALLOW"商标专用权予以冻结，冻结期限自 2009 年 7 月 3 日至 2010 年 1 月 2 日。2009 年 10 月 28 日，被申请人以第 4201146 号商标专用权被法院冻结为由，对申请人的已转让申请作出不予核准的决定。申请人不服被申请人上述决定，向行政复议机关申请行政复议，请求撤销不予核准决定。

申请人认为，被申请人不予核准决定的理由不能成立，一是法院冻结文书涉及的是与申请人无关的纠纷，该纠纷的存在不影响申请人商标转让行为的效力；二是申请人的转让申请在先，法院冻结在后，法院文书不能改变一个合法商标转让行为的效力；三是申请人对（2009）金法执字第 3661 号法律文书的真实性存疑；四是当地另一公司于 2009 年 8 月 31 日对第 4201146 号商标提出转让申请，现处于审查期内，如果法院冻结到期，被申请人有可能核准此在后转让申请，必将侵害申请人权益。

被申请人认为，《商标法》第三十九条第二款规定："转让注册商标经核准后，予以公告。受让人自公告之日起享有商标专用权。"同时，最高人民法院《关于人民法院民事执行中查封、扣押、冻结财产的规定》第一条第二款规定："采取查封、扣押、冻结措施需要有关单位或者个人协助的，人民法院应当制作协助执行通知书，连同裁定书副本一并送达协助执行人。查封、扣押、冻结裁定书和协助执行通知书送达时发生法律效力。"据此，商标专用权的转让应以被申请人核准公告为准，同时，被申请人在审查商标转让申请时，有义务协助执行人民法院作出的有关财产保全的司法文书。本案中，在第4201146号商标专用权财产保全期间，被申请人依法对该商标转让申请不予核准，并无不当。

行政复议机关认为，根据《民事诉讼法》第二百二十七条和最高人民法院《关于人民法院民事执行中查封、扣押、冻结财产的规定》第二十五条的相关规定，任何单位和个人都有协助法院执行生效裁决的义务。根据《商标法》第三十九条第二款的规定，商标专用权的转让自被申请人核准公告之日起发生法律效力。本案中，某区人民法院向被申请人送达（2009）金法执字第3661号协助执行通知书时，第4201146号商标转让申请尚未核准公告，转让尚未发生法律效力，因此，被申请人不予核准的行为是协助执行法院生效裁定，于法有据，并无不当。此外，行政复议的审查对象是行政行为的合法性与合理性，申请人关于"被申请人有可能核准在后转让申请"的主张，因为相关具体行政行为尚未作出，不属于本次行政复议的审查对象。综上，行政复议机关维持了被申请人的具体行政行为。

焦点问题评析

一、厘清行政复议与民事诉讼关系

1. 行政复议应当尊重民事诉讼中的司法协助义务。根据《民事诉讼法》第二百二十七条和最高人民法院《关于人民法院民事执行中查封、扣押、冻结财产的规定》第二十五条的相关规定，任何单位和个人都有协助法院执行生效裁决的义务。因此，被申请人在第4201146

号"SWALLOW"商标冻结期间，不予核准申请人的转让申请，是依法协助法院执行生效裁决的行为，对此行政复议机关应当予以尊重。

2. 行政复议的审查对象是具体行政行为，不能审查民事争议。行政复议的审查对象仅是具体行政行为的合法性与合理性，申请人与他人之间的民事争议不是行政复议的审查对象。本案中，申请人与丁某达成商标转让协议，但是该商标转让协议未能产生公示效力，其直接原因是商标局不予核准转让的具体行政行为，但是，由于该具体行政行为仅是协助法院执行生效裁决，因此，丁某与他人之间的民事纠纷导致商标被冻结是商标权转让不能的实质原因。行政复议机关不能审查丁某与他人之间的民事纠纷，更不能直接否定法院生效裁决的效力，而只能审查被申请人的具体行政行为的合法性和合理性。同时，法院的民事诉讼也不能审查具体行政行为的合法性与合理性，双方都应恪守界限。

二、行政复议审查具体行政行为的合法性、合理性，以具体行政行为发生时的事实为依据

判断具体行政行为的合法性与合理性，应以具体行政行为发生时的事实为依据。关于某公司"商标局有可能核准在后转让申请"的主张，因为相关具体行政行为尚未作出，不是商标局不予核准转让的事实依据，不属于本次行政复议的审查对象，因此，行政复议机关对申请人的该项主张不予支持。

办案体会

行政复议具有救济、监督和维护的基本功能，它是维护相对人合法权利和利益的救济手段，也是上级行政机关对下级行政机关进行层级监督的方式之一。随着市场经济的发展，行政管理不仅涉及国家、社会管理，而且涉及公民、法人及其他社会组织方方面面的权益，这就决定了行政行为的复杂性以及对民事关系的影响。行政复议与民事诉讼交叉的案件，是新形势下出现的新的案件类型之一。在行政复议的过程中，厘清行政复议的职能范围，分清楚具体行政行为与民事诉讼的相互关系，是依法履行行政复议职责、实现行政复议功能目标的基本要求。尤其是关于商标注册程序性争议的行政复议案件涉及对商标局在商标注册、变更、转让、续展、注销、撤销、异议等工作中所作出的多项具体行政行为，同时商标权具有强烈的私权属性，这就要求行政复议机关一定要厘清商标行政复议职能范围，既要根据法律和事实对具体行政行为进行合法性、合理性审查，又要注意不能将当事人的民事争议随意纳入行政复议的审查范围。具体到本案中，丁某与他人之间的民事纠纷不是行政复议的审查对象。

（国家工商行政管理总局法规司提供）

第三编　行政复议申请

12 行政复议最长申请期限的界定

——何某不服某市国土资源和房屋管理局核发房屋所有权证案

基本案情

申请人：何某

被申请人：某市国土资源和房屋管理局

第三人：卢某等9人

第三人的父亲（1986年1月去世）于1984年5月25日向被申请人申请办理某市中山七路永康里45号之1房屋所有权登记，并提交了房产所有权登记申请书、报告（附街道办事处的证明）、房地产税完税证明、测绘附图等材料。被申请人经审核后核准登记，于1986年4月核发《房屋所有权证》。申请人对被申请人核发上述《房屋所有权证》的具体行政行为不服，于2010年4月12日向某市人民政府提出行政复议申请。行政复议机关受理案件后认为，被申请人1986年4月核发房屋所有权证的行为发生在我国统一的行政复议法律制度出台之前，依法不属于行政复议法律法规调整的范围，申请人的行政复议申请不符合行政复议受理条件。据此，行政复议机关作出了驳回行政复议申请决定。

焦点问题评析

本案焦点问题是申请人的行政复议申请是否超过法定期限及如何处理。对此，有三种不同的意见：

第一种意见认为，申请人的行政复议申请未超过法定期限，依法应对实体问题进行审理。《行政复议法》第九条规定："公民、法人或者其他组织认为具体行政行为侵犯其合法权益的，可以自知道该具体行政行为之日起六十日内提出行政复议申请；但是法律规定的申请期限超过六十日的除外。"本案中，申请人在行政复议审理期间主张其知道被申请人核发房屋所有权证的时间为 2010 年 3 月 1 日，而被申请人及第三人均没有提交任何证据证明申请人知道该具体行政行为的时间。因此，申请人的行政复议申请没有超过"自知道该具体行政行为之日起六十日"的法定期限，依法应当对该案进行实体审理。

第二种意见认为，申请人的行政复议申请超过了行政复议最长申请期限，依法应当驳回。最高人民法院《关于执行〈中华人民共和国行政诉讼法〉若干问题的解释》第四十二条规定："公民、法人或者其他组织不知道行政机关作出的具体行政行为内容的，其起诉期限从知道或者应当知道该具体行政行为内容之日起计算。对涉及不动产的具体行政行为从作出之日起超过 20 年、其他具体行政行为从作出之日起超过 5 年提起诉讼的，人民法院不予受理。"虽然《行政复议法》及其实施条例均未明确行政复议最长申请期限，但是最高人民法院的司法解释已经对行政诉讼的最长起诉期限作出了规定。为了保证行政复议与司法审查把握尺度的一致性，维护法律的统一性和权利保护的公平性，在行政复议最长申请期限问题上，应当参照诉讼时效有关规定并结合行政复议制度自身特点进行综合考虑和把握。因此，申请人在被申请人核发房屋所有权证 20 年后才申请行政复议，已经超过行政复议最长申请期限，依法应当驳回其申请。

第三种意见认为，《行政复议条例》（已失效）于 1990 年 12 月 24 日公布，本案被申请人核发房屋所有权证的行为发生在此之前，按照

"法不溯及既往"的原则，该行为不属于行政复议法律法规的调整范围。因此，申请人的行政复议申请不符合行政复议受理条件，依法应当驳回。

按照第一种意见，只考虑《行政复议法》的相关规定，则在司法实践中就会出现法律规避的情况：一旦作出具体行政行为的时间超过行政诉讼最长起诉期间，行政管理相对人或利害关系人就可以绕过最高院司法解释第四十二条的规定申请行政复议，该条规定就失去了其本身价值。这无疑损害了法律的统一性和权威性，因此是不可取的。按照第二种意见，则会面临没有法律依据适用的问题：由于《行政复议法》及其实施条例对行政复议最长申请期限并没有规定，最高人民法院的关于行政诉讼最长起诉期限的司法解释也不宜在行政复议案件中直接适用，据此作出驳回决定亦有不妥。综合考虑上述因素，行政复议机关最终采用了第三种意见并作出了驳回行政复议申请的决定。

办案体会

一、行政复议参照适用行政诉讼程序规定的问题

在行政复议申请期限和行政诉讼起诉期限问题上，行政复议和行政诉讼是有差异的：一是一般期限的设定，行政复议是 60 日，行政诉讼是 3 个月；二是特别期限的设定，行政机关作出具体行政行为时，未告知诉权或起诉期限的，行政诉讼起诉期限从知道或者应当知道诉权或者起诉期限之日起计算，但最长不超过知道或者应当知道具体行政行为内容之日起两年，《行政复议法》及其实施条例对此未作规定；三是最长期限的设定，对涉及不动产的具体行政行为从作出之日起超过 20 年、其他具体行政行为从作出之日起超过 5 年提起诉讼的，人民法院不予受理，《行政复议法》及其实施条例没有相关规定。实践中，对于行政诉讼有规定、行政复议没有规定的后两种情况，有的行政复议机关参照行政诉讼的有关规定来处理：对于未告知行政复议权利和行政复议期限的，行政复议申请期限从申请人知道或应当知道之日起计算，最长不超过两年；对于涉及不动产的具体行政行为超过 20 年

（其他的具体行政行为超过 5 年）的行政复议申请，以超过行政复议最长申请期限为由不予受理或者驳回申请。这样做虽然保持了法律的统一性，但是由于缺乏明确的法律依据，各地法院观点上也不尽一致，甚至有的地方不同审级的法院认定也不同，一旦申请人不服行政复议决定提起行政诉讼，行政复议机关就将面临败诉的风险。

应该说，我国现行统一的行政复议制度，是伴随着《行政诉讼法》产生的，《行政复议条例》、《行政复议法》及其实施条例中有大量规定是借鉴《行政诉讼法》制定的。《行政复议法》第四十条第一款更是明确规定："行政复议期间的计算和行政复议文书的送达，依照民事诉讼法关于期间、送达的规定执行。"该款规定系准用性规则，行政复议在"期间的计算"和"文书的送达"问题上可以参照和适用《民事诉讼法》的规定。鉴于行政复议与行政诉讼存在着相互衔接的关系，行政复议期间的计算方法与文书送达需要与诉讼相一致，作出上述规定亦是必然。但行政复议与行政诉讼毕竟是不同的行政救济途径，一为行政程序，一为司法程序，有法律明确规定当然能援引适用，在没有明确法律规定的情况下直接参照适用，法律上存在风险。本案中，行政复议机关适用"法不溯及既往"的原则，驳回了申请人的行政复议申请，绕过了行政复议最长申请期限问题。实践中，也有行政复议机关适用《行政复议法》第九条第二款"其他正当理由耽误法定申请期限"的规定，解决未告知行政复议权利和期限，最长申请期限延长至两年的问题。但是这些仅是个案的处理，如果要从根本上解决问题，需要立法机关在法律法规修订过程中，作出调整或补充。

二、行政复议特别申请期限及最长申请期限的设置

目前我国行政复议法律法规没有类似行政诉讼特别起诉期限、最长起诉期限的规定。从法律效果上看，在一般期限的基础上，规定特别期限的目的是扩大受案范围，而规定最长期限的目的则是缩小受案范围。行政复议是否应作出类似规定？如何规定？以下几点应当考虑：一是为了确保法律的统一性、权威性，在制度设计上，不能因为法律规定的缺失而导致行政诉讼明确排除受理，通过行政复议受理后依然可以进入司法程序情况的出现。二是告知行政相对人救济权利、救济

54

途径及期限，是作出具体行政行为的行政机关的法定义务，针对行政机关可能不履行告知义务，应当设置特别申请期限，以确保行政相对人行政复议申请权的实现。基于权利义务相一致原则，该规定应当限于行政管理相对人提出行政复议申请的情形。三是行政复议以效率为先，行政诉讼则强调终局性，价值侧重的差异，决定了行政复议在一般申请期限、特别申请期限、最长申请期限等问题上可以作出比行政诉讼更短时限的规定。

（广东省广州市人民政府法制办公室提供）

13 行政复议申请期限的认定

——朱某不服原林业部颁发国有林权证案

基本案情

申请人：朱某

被申请人：国家林业局

申请人朱某，朝鲜族，系某市村民。2005 年，朱某开始以其人工林权属得不到确认为由，逐级多次上访。该市林业局信访办于 2008 年 6 月 4 日，以汉语文字给朱某作出《朱某信访事项处理意见答复》（以下称《书面答复》），并于 2008 年 6 月 5 日，在该市林业局信访办公室将《书面答复》当面送交给朱某，告知其申请的人工林位于原林业部 1992 年向该市林业局发放的国有林权证范围内。但是，该市林业局信访办在其信访过程中，未对朱某进行来访人员登记；在向朱某当面送交《书面答复》时，未要求其进行签收，也没有其他送达凭证。

申请人对原林业部 1992 年给该市林业局颁发林证字第 217 号国有林权证的行政行为不服，于 2008 年 12 月 20 日向国家林业局申请原级行政复议。

申请人认为，被申请人 1992 年颁发给该市林业局的国林证字第 217 号国有林权证，将其部分人工林划入国有林权证范围，侵犯了其合法权益，请求"依法确认归还 80 多公顷自留山人工林林权"。

行政复议机关认为，1999 年该市人民政府给朱某营造的部分林木换发了《林权执照》（0905001 号），对其位于该市林业局国有林权证范围内的 11.6 公顷人工林进行了确认，并明确记载该人工林林地的权属为国有。朱某于 2005 年 7 月 25 日向当地林业主管部门提交的《关于确认树权的申请》中也明确提到了《林权执照》（0905001 号）。根据《林权执照》（0905001 号）以及该市林业局 2008 年 6 月 4 日作出的《书面答复》等证据材料，可以认定朱某所提行政复议申请超过了法定的申请期限，并于 2009 年 1 月 5 日作出了不予受理该行政复议申请的决定。

朱某不服国家林业局作出的不予受理决定，先后起诉、上诉至法院，要求判令国家林业局受理其行政复议申请并重新作出行政复议决定。2009 年 11 月，一审法院判决驳回了朱某关于"请求撤销国家林业局行政复议不予受理决定书，判令国家林业局受理并重新作出行政复议决定"的诉讼请求。2010 年 5 月，二审法院判决驳回朱某的上诉，维持一审判决。

焦点问题评析

本案涉及的焦点问题是：行政复议申请人是否在法定期限内提出行政复议申请。

关于行政复议申请期限，《行政复议法》及其实施条例作了明确规定。法律规定行政复议申请期限的主要目的，一是督促行政复议申请人在法定期限内行使行政复议申请权，使自己的权利得到及时、有效的保护；二是避免因时间拖得过长导致相关因素的变化或者证据材料的灭失，不利于行政机关查明行政复议案件情况；三是保证行政效率，避免国家行政管理活动长期处于不稳定状态，影响正常的行政管理秩序。

《行政复议法》第九条规定，公民、法人或者其他组织认为具体行政行为侵犯其合法权益的，可以自知道该具体行政行为之日起 60 日内提出行政复议申请。这就是说行政复议申请权是有时效的。一般情况下，公民、法人或者其他组织认为具体行政行为侵犯了其合法权益时，只有在法定的期限内提出行政复议申请，行政复议机关才予受理，否则，行政复议机关不予受理。《行政复议法实施条例》第十五条明确规定了行政复议申请期限起始日期的计算方法。本案在处理过程中即依据了该条第一款第六项的规定，即被申请人能够证明公民、法人或者其他组织知道具体行政行为的，行政复议申请期限自证据材料证明其知道具体行政行为之日起计算。

本案中，朱某提出行政复议申请的理由是原林业部向该市林业局核发的国林证字第217号国有林权证侵犯了其合法权益。该具体行政行为发生在1992年，距今已近20年时间。这些年来，该国有林权证的存在与该市林业局、周边村屯及百姓的经济和社会生活有着密切的关系。一方面，从常理来推断，包括本案申请人在内的该市林业局周边村民，早就知道原林业部向该市林业局发放国有林权证这个具体行政行为。另一方面，从本案的事实来看，朱某1999年取得的《林权执照》（0905001号）上载明朱某所拥有的11.6公顷的林木位于国有林地范围内。因此，朱某应该知道，该范围的林地属于国家所有。在当地由于历史原因，国有林地都位于该市林业局国有林权证经营范围内。并且，朱某于2005年7月25日向当地林业主管部门提交的《关于确认树权的申请》中也明确提到了《林权执照》（0905001号）。由此可见，朱某于1999年取得《林权执照》（0905001号）时起，就知道该市林业局持有国有林权证这一事实。

2008年6月4日，该市林业局信访办作出《书面答复》，并于次日即2008年6月5日将该书面答复送交给朱某，以书面形式明确告知朱某：1992年原林业部向该市林业局核发了国有林权证，其申请的人工林位于该市林业局国有林权证范围内。由此可以证明，朱某最迟于2008年6月5日就知道原林业部1992年11月向该市林业局核发国有林权证的具体行政行为。

根据《行政复议法》第九条的规定，朱某应自知道该具体行政行为之日起60日内提出行政复议申请，其于2008年12月20日才向国家林业局提出行政复议申请，已经超过申请行政复议的法定期限。据此，国家林业局作出行政复议不予受理决定是合法、正确的。对于这一决定，两审法院也都予以维持。

办案体会

一、进一步规范信访工作

本案中，当地林业主管部门信访工作的不规范，是导致在诉讼阶段，有关行政复议期限证据的取证工作困难的直接原因。具体来说，包括三个方面：

一是没有作信访登记。本案中，朱某从 2005 年开始在当地逐级多次上访。多个地方林业主管部门都曾接待过朱某的上访，并在接访过程中，就包括原林业部向该市林业局核发国有林权证事实在内的有关问题，对朱某进行了解释和说明。但是，有关林业主管部门均未对朱某的信访进行过登记。

二是在向信访人送达有关材料时，没有要求信访人进行签收，也没有其他送达凭证。2008 年 6 月 4 日，该市林业局信访办对朱某作出了《书面答复》，并于当日在信访办办公地点，当面向朱某送交了该书面答复材料，但是该市林业局信访办并没有要求朱某进行签收，也没有其他送达凭证。

三是没有按照当地民族自治地方的有关规定，使用少数民族语言。根据当地有关自治条例，行政机关在执行职务的时候，以朝鲜语言文字为主，通用朝、汉两种语言文字。根据上述规定，该市林业局在信访过程中应当针对信访人的民族状况同时或者分别使用朝、汉两种语言文字。本案中朱某为朝鲜族，而该市林业局只使用汉语对其进行了答复。

从本案事实来看，该市林业局在当事人朱某的多次上访过程中，实际上已经履行了有关答复和告知义务，但是由于存在上述三方面问题，在朱某否认其于 2008 年 6 月 4 日收到信访答复材料的情况下，导致了国家林业局在应诉阶段陷入被动。

为此，一审法院向国家林业局发出司法建议，建议林业主管部门设立信访登记制度，由来访人员自行填写个人情况、信访所针对的行政行为及简要信访事项等内容；并要求国家林业局督促地方主管行政机关在今后的工作中不仅应遵守国家法律、行政法规，还应遵照民族区域自治法的相关规定，注重程序，严把程序关，做到合法行政、合理行政、程序正当。

因此，各级林业主管部门应该引以为鉴，严格按照《信访条例》以及有关地方性法规、规章的规定，切实做好日常有关林权争议等事项的信访登记工作，以便在涉及行政复议或诉讼案件时取得主动。

二、进一步重视收集和运用直接证据工作

行政复议期限的计算是一个非常重要的问题，它不仅涉及行政机关能否正确行使其权力，还关系到公民、法人和其他组织能否充分地行使其行政复议申请权，保护自己的合法权益。

根据《行政复议法实施条例》第十五条第一款第六项规定，被申请人能够证明公民、法人或者其他组织知道具体行政行为的，行政复议申请期限自证据材料证明其知道具体行政行为之日起计算。一般来讲，证明申请人"知道"具体行政行为的证据材料可以分为两种，即间接证据和直接证据。其中，间接证据是一种需要通过推定才能证明结果的证据材料；而直接证据是一种确定的、紧密关联的，能够直接证明结果的证据材料。

从本案来看，被申请人需要完成的证明任务是：证明朱某知道原林业部向该市林业局核发国有林权证这一案件主要事实。为此，被申请人提供了三组证据材料：一是朱某1999年取得的《林权执照》（0905001号），载明朱某所拥有的11.6公顷的林木位于国有林地范围；二是朱某于2005年7月25日向当地林业主管部门提交的《关于确认树权的申请》，明确提到《林权执照》（0905001号）；三是该市林业局信访办2008年6月4日作出的《书面答复》以及信访办工作人员的证言，证明2008年6月5日，工作人员在该市林业局信访办公室将该《书面答复》当面送交了朱某。该《书面答复》明确告知朱某，1992年原林业部向该市林业局核发了国有林权证。

前两个方面的证据就属于一种间接证据材料，需要与其他证据相结合，才能证明案件主要事实。仅仅通过这些证据材料，我们只能推定，朱某于1999年就"应当知道"该市林业局持有国有林权证的事实。第三方面的证据则属于一种直接证据材料，能够直接证明朱某已经知道原林业部向该市林业局核发国有林权证这一案件主要事实。

从法院审查判断证据情况来看，第三方面的证据才是本案最终取得胜诉的关键。因为，在行政复议申请期限这个问题上，法院从保护当事人诉权的角度出发，所采信的往往是能够证明申请人知道具体行政行为的直接证据材料。这就要求行政机关更加注重收集和运用直接

证据，以提高证据的证明力。

三、进一步加强林权管理工作

从本案的办理来看，焦点主要集中在行政复议申请期限问题，属于一起程序性案件，并没有进入实体审理。但是，本案所涉及的实体问题也要引起各级林业主管部门尤其是重点国有林区林业主管部门的重视。

20世纪90年代，国务院授权原林业部对东北、内蒙古重点国有林区林业局核发林权证，这对于保护国有森林资源、保障国家生态安全，起到了重要的作用。但是，由于部分基层林业主管部门对有关历史遗留问题处理不当，或者是林权管理工作不规范等原因而导致的林权权属纠纷逐渐增多。尤其是在当前土地价值日益凸显的形势下，对于重点国有林区的国有林业局来说，应该充分吸取本案教训，进一步加强林权管理，及时、妥善化解有关林权纠纷。在处理有关林权争议案件中，应当着眼于实际问题的解决，依照有关法律法规的规定，从社会和谐稳定的高度出发，坚持原则性和灵活性相结合，妥善处理好各方关系。

（国家林业局政策法规司提供）

14 申请人是否超出了行政复议申请期限

——范某不服某市劳动和社会保障局退休审批案

基本案情

申请人：范某

被申请人：某市劳动和社会保障局

申请人对被申请人 1997 年 9 月 5 日颁发的《职工退休证》不服，于 2010 年 11 月 12 日向市人民政府申请行政复议，要求将该证记载的参加工作时间由 1959 年 1 月变更为 1956 年 5 月。

申请人认为，其工作证、会员证、井下工伤证均显示申请人 1956 年 5 月参加工作，而被申请人颁发的《职工退休证》记载的申请人参加工作时间却错误地写成了 1959 年 1 月，少算 3 年工龄，直接影响了申请人的经济收入，请求依法变更《职工退休证》所载的参加工作时间。

行政复议机关认为，被申请人 1997 年 9 月即已向申请人颁发了《职工退休证》。申请人自退休至今一直凭《职工退休证》领取退休工资（后变更为养老保险金），且其向行政复议机关申请行政复议之前已多次申请劳动仲裁和提起民事诉讼，应当知道该《职工退休证》的内容。根据《行政复议法》第九条第一款的规定，申请人应当自知道该《职工退休证》颁发之日起 60 日内向作出原具体行政行为的行政机关的同级人民政府或上一级行政机关提出行政复议申请，故申请人于 2010 年 11 月 12 日向行政复议机关提出行政复议申请，明显超出了法定的行政复议申请期限。根据《行政复议法》第十七条第一款的规定，行政复议机关决定不予受理申请人的行政复议申请。后申请人向人民法院提起行政诉讼，人民法院维持了行政复议机关的行政复议决定。

焦点问题评析

本案的焦点问题有二：1. 是否所有的具体行政行为作出时均必须告知行政复议权利；2. 在未被告知行政复议申请权的情况下，申请人是否超出了行政复议申请期限？

关于第一个问题，《行政复议法实施条例》第十七条规定："行政机关作出的具体行政行为对公民、法人或者其他组织的权利、义务可能产生不利影响的，应当告知其申请行政复议的权利、行政复议机关和行政复议申请期限。"尽管目前的学术界早已统一了认识：从实际工作的一般要求看，行政机关作出具体行政行为，最好都告知相对人行政复议权和诉权。但仅从该条的设定来看，并非所有的具体行政行为都需要告知相对人申请行政复议的权利。而是否需要告知，其界定的标准只有一个，即"对公民、法人或者其他组织的权利、义务可能产生不利影响"。具体到本案中，关于被申请人颁发《职工退休证》的具体行政行为是否会对申请人的权利、义务产生不利影响，办案人员之间最初是存在争议的。一种观点认为，颁发《职工退休证》实际上是对社会保险金发放的一种行政审批行为，从行政行为的分类来看，属于行政给付，不可能对相对人的权利、义务产生不利影响，不应适用《行政复议法实施条例》第十七条的规定。另一种观点认为，无论何种具体行政行为，一经作出，必然会影响相对人的权利、义务，这是行政权力行使的必然结果。而只要存在影响，就有可能是不利的。具体到本案，申请人认为《职工退休证》记载的参加工作时间不实，进而影响了其社会保险金的发放标准，这就说明该具体行政行为存在对相对人的权利、义务造成不利影响的可能性，应该适用《行政复议法实施条例》第十七条的规定。经过争论，行政复议机关认为，在对具体法律条文存在争议时，应遵从法律制定的原则和精神，从有利于行政相对人的角度进行解读，并最终采纳了第二种观点。

关于第二个问题，由于《行政复议法》和《行政复议法实施条例》规定并不明确，争议较大。一种观点认为，未告知行政复议申请权利属于未告知具体行政行为内容的组成部分，应认定为相对人不知道行政机关具体行政行为的内容。这种情况下，行政复议最长申请期限应当参照民法的相关规定，即：如果涉及不动产的，为20年；不涉及不动产的，为5年。另一种观点认为，行政复议申请权利仅属于救济权利，不属于具体行政行为的内容，《行政复议法实施条例》将具体行政行为的告知和行政复议申请权利的告知在不同的条款中予以规定，恰恰说明了这一点。因此，未告知行政复议申请权利的，应当参照《行政诉讼法》及其司法解释的规定，行政复议最长申请期限从行政相对人知道或者应当知道具体行政行为内容之日起最长不得超过两年。最终，行政复议机关认为，尽管《行政复议法》并未规定行政复议的最长申请期限，但考虑到行政诉讼中有最长两年的诉讼时效，为了保持法律救济途径的统一和避免不同的诉求解决机关在此问题上的不一致，行政复议的最长申请期限不宜超过行政诉讼的最长诉讼时效。本案中，申请人1997年即已取得《职工退休证》，退休工资更是从1993年就开始领取，但是却于10多年后方提出行政复议申请，在没有其他正当理由的情况下，应当认定其行政复议申请超过了行政复议申请期限。

办案体会

行政复议机关在办理案件时，既要深刻理解立法的本意，又要注意行政复议制度与其他法律制度的统一，才能稳妥地把案件处理好。本案中，行政复议机关在认定是否需要告知行政复议申请权利时，即从把握行政复议制度的精神出发，不单纯纠结于模糊的法律具体设定，避免了长时间的争论；在确定最长申请期限时，又从行政复议和行政诉讼这两种行政争议救济渠道的连贯性、统一性、协调性出发，果断又不失慎重地作出积极处理，最终也得到了法院的支持。

（河南省鹤壁市人民政府法制办公室提供）

行政许可利害关系人的行政复议主体资格

——某乡客运联营车主不服某县道路
交通运输管理所行政许可案

基本案情

申请人：某乡14名客运车主

被申请人：某县道路交通运输管理所

第三人：某县汽车运输公司

2003年，被申请人对某乡至县城的客运线进行改造，将原有21台客车减至14台，由申请人等14名车主联合经营。2010年7月，被申请人向第三人发放了同意营运A村至县城（途经A、B、C村并包含某乡至县城路段）客运线的临时线路牌。申请人对此不服，向县人民政府申请行政复议。

申请人认为，2003年被申请人对乡至县城客运线改造后，14台客车的运力仍然过剩，现在又许可第三人经营A村至县城客运线，不符合有关规定，损害了申请人的利益。

被申请人认为，行政复议申请人必须是具体行政行为指向的直接相对人，本案申请人的主体不适格。并且，客运线路经营倡导公平竞争而非限制竞争。被申请人对A村至县城的客运线路许可，经过了书面审查和实地调查，符合法定条件，有利于促进竞争，也方便A、B、C村群众的出行。

行政复议机关认为，根据交通部《道路旅客运输及客运站管理规定》第十五条、第十四条第二项的规定，第三人应当提交9项申请材料，但是从被申请人提交的证据看，第三人提交的申请材料不足且多项是无效的，因此，被申请人作出行政许可依据不足。后被申请人撤销了向第三人作出的行政许可，申请人撤回行政复议申请。据此，行政复议机关作出了终止行政复议决定。

焦点问题评析

一、行政复议申请人是否适格

根据《行政复议法》的规定，公民、法人或者其他组织认为具体行政行为侵犯其合法权益的，即具备申请行政复议的合法资格。其中，"侵犯"是个主观色彩比较重的词，换成具有可操作性的说法应是"与公民、法人或者其他组织的合法权益有利害关系或者对公民、法人或者其他组织的合法权益产生实质影响"。根据最高人民法院《关于执行〈中华人民共和国行政诉讼法〉若干问题的解释》第一条第二款第六项、第十二条的规定，行政诉讼原告资格可归纳为：当行政机关的具体行政行为与公民、法人或者其他组织的合法权益有利害关系时，或者具体行政行为对公民、法人或者其他组织的合法权益产生实质影响时，该公民、法人或者组织享有原告资格。而"与合法权益有利害关系和对合法权益产生实质影响"，其表现就是具体行政行为作出或实施后，"合法权益"发生了变化，如范围的缩减、价格的贬损、义务负担的增加等。实践中，行政复议申请人与行政诉讼原告具有同一性，行政复议申请人资格亦可照此分析确定。

从以上分析可以看出，因具体行政行为"与合法权益有利害关系和对合法权益产生实质影响"而具有行政复议申请人资格的对象有两类：一类是具体行政行为的直接相对人，即与具体行政行为的作出机关或组织形成行政法律关系的公民、法人或者组织；另一类并非具体行政行为的直接相对人，与被申请人不存在行政法律关系，但是与被申请人的相对人之间存在受同一具体行政行为拘束的民事法律关系的公民、法人或者组织。本案中，申请人并非被申请人行政许可的直接相对人，不属于上述第一类行政复议申请人，但是其作为某乡至县城客运段的营运人，被申请人向第三人作出的行政许可必然对其合法权益产生实质影响，显然符合上述第二类行政复议申请人资格的条件。因此，本案申请人具有行政复议申请人资格。

66

二、被申请人的行政许可行为是否合法

交通部《道路旅客运输及客运站管理规定》第十五条规定，已获得相应道路班车客运经营许可的经营者，申请新增客运班线时，除提供第十四条第二项规定的《道路旅客运输班线经营申请表》、可行性报告、进站方案、运输服务质量承诺书等四类材料外，还应当提供《道路运输经营许可证》等五类材料。本案中，被申请人提交的证据材料只有其中几项，并且部分材料无效。同时，被申请人在行政许可办理期限、告知利害关系人权利方面也均存在问题。因此，被申请人作出的行政许可行认定事实不清、程序违法。

办案体会

本案的结果是被申请人在认识到错误后撤销了行政许可，申请人撤回了行政复议申请，行政复议终止。综观全案，我们可以看出被申请人作出行政许可行为的不合法之处。但是假设退一步，如果第三人的客运线路申请材料齐全且符合法定要求，只是与原有运输户存在竞争，引起不满，被申请人又该如何判断和处理呢？

回答这个问题要先考察客运线路行政许可的目的，即：规范客运市场秩序，保障人民生命财产安全，维护客运市场各方当事人的合法权益。从这个角度出发，客运线路行政许可只需考虑对客运经营主体的竞争关系。正如被申请人提出的，客运线路经营倡导公平竞争而非限制竞争，并且客运市场是个非常灵活的市场，我们强调国家宏观调控能有效解决市场机制调节的"失误"和"失灵"的时候，客运市场相比其他市场对国家宏观调控的需要小得多。因此，客运线路行政许可可以相对宽松。当然，国家为了行政管理需要提出的相关政策应当严格执行。比如，国家为了实现节能减排目标，在国务院《关于进一步加大工作力度确保实现"十一五"节能减排目标的通知》（国发〔2010〕12号）中规定了"对客车实载率低于70%的线路不得投放新的运力"，这应当作为客运线路行政许可的依据。

通过本案可以看到，目前国家对行政审批项目进行清理、下放，

各地标准、进度、程度不同，行政许可法律制度不够完善、不够细化的情况下，行政机关在行政许可时，应当全面权衡市场评估机制的作用和国家宏观调控（或者是进行行政指导）需要与否，做出慎重的决定。

（湖北省孝感市人民政府法制办公室、

孝昌县人民政府法制办公室提供）

第四编 行政复议审理方式

16 有效运用调解方式"定纷止争"

——某科技公司不服某县人民政府不予颁发土地使用权证案

基本案情

申请人：某科技开发公司

被申请人：某县人民政府

申请人对被申请人未按合同发放土地使用权证不服，向行政复议机关申请行政复议。

申请人认为，2006年7月，作为某县的招商引资企业，申请人与被申请人达成项目合作协议，被申请人向申请人出让土地80余亩作为工业用地。2006年9月，申请人与县国土局签署土地使用权出让合同，并缴纳了全部土地出让费。但是，被申请人至今未按合同向其发放土地使用权证，属于行政不作为。

被申请人认为，申请人所述的出让土地情况属实，但是，因拆迁原因以及后期规划条件的限制，被申请人已无法按照合同履行出让土地的义务。因此，被申请人曾多次与申请人协商，表明无法履约的原因，拟协商收回出让土地。但是，申请人一直坚持要求被申请人按照2006年签订的合同履约，导致双方产生这起纠纷。

行政复议机关认为，在该行政复议审查中，既需要充分考虑投资企业的合法权益，也需要考虑地方政府规划调整的实际情况。因此，采用行政调解的方式，会更有利于解决这起纷争。经组织调解，申请人与被申请人达成和解协议，被申请人退还已经收取的土地出让款并赔偿申请人一定的投资利润，申请人则自愿交出合同土地，从而圆满解决了这起土地纷争。申请人主动向行政复议机关递交了撤回行政复议申请，行政复议机关依法终止行政复议。

焦点问题评析

本案争议的焦点问题是：被申请人于 2006 年按照工业用途出让给申请人的 80 余亩土地，由于地方规划调整现已不能再作为工业用地使用。即，被申请人客观上已无法按照合同履行出让土地义务，在这种情况下应当如何承担法律责任？申请人的合法权益应当如何保障？

在案件审理过程中，行政复议人员了解到：因为无法按照合同履行出让土地义务，被申请人曾多次与申请人协商，表明无法履约的原因，拟协商收回出让土地。但是，申请人坚持要求县政府按照 2006 年签订的合同履约。经综合考虑本案情况，行政复议机关认为：要真正解决被申请人与申请人之间的土地纷争，切实维护投资企业的合法权益，对该案不能只进行常规、机械的法律审，而应当准确把握案件的实质问题，充分发挥行政复议解决纷争、化解矛盾的积极作用。为此，行政复议人员首先单独约请了申请人的法人代表及代理人，充分听取了申请人的意见，耐心、深入地向申请人宣讲了土地管理、规划管理方面的法律规定，使申请人明确了在服从规划的前提下，理性地处理纠纷，才能最终解决实际问题。而后，行政复议人员又单独约请了被申请人，对相关法律规定进行了认真解读，帮助被申请人明确了在这起土地纠纷中应当承担的违约责任，并认识到要彻底解决这起纷争，作为一级政府，被申请人应当积极主动地与申请人沟通，努力争取申请人对地方规划调整的理解和支持。经过反复交换意见、不断疏导情绪，申请人终于认识了地方规划调整的必要，同意不再坚持要求被申请人按照签订的土地出让合同履约。但是提出了被申请人按照现行土地市场价格进行赔偿的要求，赔偿金额高达 2200 万元。为此，行政复议人员又分别多次与申请人和被申请人交换意见，引导被申请人实事求是地评估申请人的损失，合理考虑赔偿方案；引导申请人在充分了解被申请人的实际经济情况后，客观计算自身损失，提出符合实际的赔偿要求。待双方都提出了明确的解决方案后，行政复议人员又及时将他们提出的解决方案告知对方，请双方在认真考虑对方意见的基础上，对各自的方案再作调整。在双方对各自提出的解决方案进行调整之后，行政复议人员又专门组织双方进行了三次面对面的协商，积极引导双方不断细化、调整、修正解决方案。在行政复议人员反复、耐心的调解引导下，最终，申请人和被申请人都同意了行政复议机关提出的调解建议，达成了和解协议：被申请人退还已经收取的土地出让款，并赔偿申请人一定的投资利润，总计金额为1000万元；申请人则交出合同土地。至此，这起土地纷争得到圆满解决，实现了法律效果与社会效果的和谐统一。

办案体会

近年来，随着改革开放的深入和社会转型进程的加快，社会利益格局呈现多元化、复杂化趋势，各种社会矛盾纠纷凸显。为此，党中央、国务院提出加强和创新社会管理的要求，目的就是最大限度增加和谐因素、最大限度减少不和谐因素，解决影响社会和谐稳定的突出问题，确保社会和谐稳定。因此，行政复议作为规范行政行为、维护人民群众合法权益的重要法定渠道，在新形势下，应当充分发挥解决行政争议、化解社会矛盾、维护社会和谐稳定的积极作用。

该案本是一起行政不作为的案件，单纯从法律层面考量，行政复议机关只需履行审查职责，依法对被申请行政复议的行政机关是否应当作为、是否已经作为作出裁判。但是，根据该案具体情况，行政复议机关不是只进行简单的"法律审"，而是在查明事实、分清是非，明确各方责任和利益要求的前提下，着眼于实际问题的解决，积极开展调解工作，最终促成申请人与被申请人就解决实际问题平等协商、互谅互让、达成和解，真正做到"案结事了"，实现了法律效果与社会效果的和谐统一。因此，这是一起成功办结的行政复议案件。对此，被申请人非常满意，认为行政复议机关在行政复议中有效运用调解方式，不仅顺利化解了与申请人之间的这起时间长达4年之久的土地纠纷，更重要的是保障了该县调整后的规划能够全面顺利地实施。申请人则对行政复议人员客观公正、积极有效的调解工作给予了充分肯定，对该市依法行政和良好的投资环境给予了高度评价，明确表示有机会将会再来投资。因此，该案的成功办结，充分体现了调解制度在行政复议办案过程中所发挥的"定纷止争、案结事了"的积极作用。对此，我们的体会是：一是要做好行政复议调解工作，首先应当查明事实、分清是非，明确各方的责任和利益要求，确定调解基点，保证调解工作做到有的放矢；二是在行政调解过程中，要始终贯彻"以人为本、复议为民"的思想，坚持客观公正、依法调解，注意维护各方面的合法利益，切实帮助解决实际问题；三是行政调解要讲求实效，在不违背法律原则的前提下，可以具体情况具体分析，通过采用灵活多样的方式进行协调，努力减少当事人之间的分歧，平衡各方当事人的利益诉求。

（四川省成都市人民政府法制办公室提供）

17 充分发挥行政复议调解化解矛盾的作用

——某医院不服某区卫生局
不予出具证明材料案

基本案情

申请人：某医院

法定代表人：吴某

被申请人：某区卫生局

申请人因对被申请人拒绝给其出具有关公章证明的材料不服，向行政复议机关申请行政复议。

申请人认为，申请人是 1993 年 3 月 25 日经被申请人批准成立的私人医疗机构，于 1994 年 1 月 1 日取得了医疗（私人）营业执照。1995 年 3 月，由于申请人经营场所进行房地产开发，申请人经被申请人批准停业。停业期间，被申请人将申请人行医执照和公章收回封存保管，后未经申请人同意将其公章销毁。日前，由于申请人要进行民事诉讼，而法院以其没有在诉讼文书上加盖公章为由不予受理。申请人需确认主体身份以进行民事诉讼，故要求被申请人出具有关公章的证明材料。

被申请人认为，根据《北京市实施〈医疗机构管理条例〉办法》的规定，申请人停业后未按规定补办医疗机构登记手续，所以其并未取得医疗机构执业许可。《北京市私人医疗院所管理办法》、《医疗机构管理条例》中并未规定医疗机构停业时卫生行政部门不能收回医疗机构公章及行医执照，被申请人并未违反相关法律法规。此外，申请人申请重新核发《医疗机构执业许可证》时不符合《医疗机构管理条例》的设置要求，故当时医疗机构监督管理办公室销毁其所用公章，也未违反相关法律法规的规定。

行政复议机关认为，根据《北京市私人医疗院所管理办法》第十条的规定，申请人停业超过规定时限未申报复验换证的，被申请人应当吊销其开业执照。但被申请人并未依据法律规定吊销其开业执照而直接注销其公章，该行为明显不当。经听证审理并多次与申请人、被申请人沟通、调解后，被申请人出具申请人主体资格有关证明，申请人主动撤回行政复议申请。行政复议机关作出终止行政复议决定，真正达到了办理行政复议案件"定纷止争，案结事了"的目的。

焦点问题评析

一、申请人是否具有行政复议主体资格

申请人以某医院的名义申请行政复议，但是在行政复议申请书上并没有加盖该医院的公章，行政复议机关能否以行政复议申请书中没有加盖公章为由不予受理。由于本案申请人申请行政复议就是要解决有关主体资格的问题，如果不认可其行政复议主体资格很有可能形成循环行政复议的情况。同时，申请人没有公章并不代表申请人没有申请行政复议的主体资格。行政复议机关可以间接参考区法院的诉讼案件有关主体资格的认定，但是这不利于保护相对人合法权益，也不利于彻底解决行政争议。本案中肯定申请人的行政复议主体资格，有利于更好地保护相对人合法权益，彻底化解行政争议。

二、行政机关应依法履行职权

对于公权力来讲"法无授权即禁止"。行政机关履行法律职责应严格依照法律、法规的规定，严格防范行政机关滥用职权，以免损害公民的合法权益。依法行政是行政法的基本原则，也是行政执法的基本原则。针对本案，申请人未按规定在合理的期限内进行医疗机构补办登记手续，被申请人只能严格依照法律的规定不予颁发《医疗执业许可证》，根据《北京市私人医疗院所管理办法》的规定，对于超限不申报复验换证的，吊销其开业执照。被申请人应严格依据法律规定履行法定职责，不得超越职权，任意采取行动。

办案体会

本案是一起典型的通过调解化解行政争议的案件。《行政复议法实施条例》明确规定了针对自由裁量权作出的行政行为及行政赔偿、行政补偿纠纷有关的行政调解，并未对其他案件进行规定。但在实践中，行政复议机关常常采取调解的方式化解行政纠纷。北京市人民政府办公厅《关于进一步加强本市行政调解工作的意见》要求，在不损害国家利益、公共利益和他人合法权益的前提下，按照调解优先原则解决行政争议。本案中，为了满足申请人的行政复议请求，也为了更好地保障申请人的合法权益，行政复议机关主动联系申请人进行谈话，了解申请人诉求，通过听证审理的方式让双方当事人当面进行阐述，针对核心问题进行直接的辩论。听证审理后，通过召开协调会的方式，进一步与被申请人沟通、协调，研讨如何真正做到定纷止争及案结事了的解决方式，满足申请人的行政复议请求。在与双方反复沟通、协调后，最终由被申请人出具相关证明，保障申请人有进行民事诉讼的主体资格，最终达到由申请人主动撤回行政复议申请而结案的效果。

本案充分体现了调解在行政复议机关解决行政纠纷中的作用。调解作为化解矛盾纠纷的一种重要手段，在行政复议案件办理中具有鲜明的特点。通过调解可以更好地满足申请人复议请求，降低行政成本，提高行政效能，真正做到"以人为本，复议为民"。构建以调解为主导的行政纠纷解决方式，是政府职能调整的又一重要举措，是今后的复议案件办理的又一重要手段。

（北京市东城区人民政府法制办公室提供）

运用调解方式实现案结事了

——某公司不服某市人民政府土地确权案

基本案情

申请人：某公司

被申请人：某市人民政府

第三人：曾某

申请人对被申请人 1996 年 10 月颁发给第三人的土地使用权证不服，向行政复议机关申请行政复议。行政复议机关受理本案后，通知曾某作为第三人参加行政复议。另外，申请人的经营期限 2005 年时已经届满。

申请人认为，申请人按合同约定支付了相应的土地款项，被申请人将已经批准给申请人使用的土地颁证给第三人，明显错误，应当予以撤销。

被申请人认为，申请人并未依法依约办理土地使用权登记，申请人请求保护其未取得的土地使用权，不应支持；申请人并未依约支付土地开发费、使用费、场地补偿费等相关法定税费，而是在 2009 年 4 月 1 日合同有效期过后才支付征地管理费，申请人未履行合同约定事项，该合同已于 1995 年 6 月 30 日终止，被申请人有权无偿收回土地使用权。

行政复议机关认为，申请人虽未取得该土地的使用权，但申请人就该土地具有合同上的法律关系，申请人在合同签订后虽未按约及时支付相关费用，但并未达到合同终止的条件，被申请人在合同关系未解除且未通知申请人的前提下，将土地使用权证颁给第三人，且于合同有效期过后仍然收取申请人的征地管理费，确实存在不当。经行政复议机关调解，申请人与第三人在律师的见证下就该土地的权属争议事项达成协议。后申请人撤回行政复议申请，行政复议机关作出终止行政复议决定。

焦点问题评析

一、申请人是否具有申请行政复议的主体资格

本案中申请人的经营期限至 2005 年就已届满，申请行政复议时是否具有主体资格？根据《公司登记管理条例》第四十五条的规定，经公司登记机关注销登记，公司终止。公司法人资格存续与否应当以工商行政管理机关是否已经注销其法人资格为标准。公司经营期限届满后，应当依法进行清算，清算程序结束并办理工商注销登记后，该公司法人才归于消灭。本案中，尽管申请人的经营期限已满，但只要其未被注销就不能否定其仍具有法人资格，仍具有行政复议或诉讼的权利，有权以自己的名义进行行政复议或诉讼活动。即使申请人经营期限届满后未成立清算组织进行清算或被吊销营业执照，也不应限制其申请行政复议或提起行政诉讼的主体资格。

二、申请人与被申请人颁发土地证的具体行政行为是否具有利害关系

本案中申请人并未实际取得该土地的使用权，其与被申请人颁发土地证的具体行政行为是否具有利害关系？《行政复议法》规定，行政复议申请人应当与具体行政行为有利害关系，但并未明晰该利害关系是事实上的利害关系，还是法律上的利害关系。根据马克思主义哲学普遍联系的观点，周围事物在某种程度上都存在事实上的利害关系，如果将《行政复议法》中规定的利害关系理解为事实上的利害关系，可能会导致一些相对人滥用行政复议申请权，从而浪费行政成本。因此，申请人应当与具体行政行为具有法律上的利害关系，如果具体行政行为对申请人的权利义务没有产生实际影响，行政复议机关可以不予受理行政复议申请。本案中，申请人虽然没有实际取得该土地的使用权，但其就该土地具有合同上的法律关系。被申请人在该合同未终止的情况下，将该土地颁证给第三人，显然实际影响到申请人基于合同产生的权利义务。

办案体会

本案中，第三人原是申请人公司的董事，但由于某种原因，第三人没有将证办到申请人名下，而是办到自己名下。因第三人已在土地上建房，申请人一直希望能与第三人达成和解，由第三人对其进行适当补偿。本案表面上看，是申请人不服被申请人颁发土地证的具体行政行为，但案件的矛盾焦点或者说申请人真正关注的问题，不是行政机关的具体行政行为是否合法合理，而是申请人与第三人之间的利益冲突。本案无论是作出维持还是撤销的行政复议决定，都将涉及申请人与第三人的重大利益，申请人与第三人必将有一方不服，案虽结但事未了，矛盾也就不能得到真正化解。本案着眼于解决申请人与第三人之间的主要矛盾，充分运用了调解的手段和方法，最终促成了案件较为圆满的解决。办理本案有以下体会：

一、应当扩大行政复议调解的适用范围，并坚持合法和自愿原则

根据《行政复议法实施条例》的规定，调解适用范围限定于对行政机关行使法律、法规规定的自由裁量权作出的具体行政行为不服和当事人之间的行政赔偿或者行政补偿纠纷，本案系对土地确权行为不服，不属于法律明确规定的可以适用调解的范围。但行政复议案件类型众多，如严格限制调解适用范围，将导致实践中大量的行政复议案件无法适用调解，行政复议调解制度会成为一种作用不大的摆设，显然不符合行政复议工作实际的需要和立法的初衷。为充分发挥调解"定纷止争，案结事了"的功能作用，促进社会和谐，实践中，不宜对调解的适用范围加以严格的限制。当然，为避免行政复议调解在实际操作中发生功能异化，走向反面，应当坚持合法和自愿原则。

二、办理行政复议案件，应当注意效率和效果的平衡

行政复议实践中，调解、和解被大量运用于处理行政争议的过程中，对于化解矛盾、平息纷争起到了很好的效果。值得注意的是，以调解、和解方式结案也必须遵循行政复议审理期限的规定。根据《行政复议法》的规定，行政复议审理期限一般为60天，只有因情况复

杂，不能在规定期限内作出行政复议决定的，才可以适当延长，而且延长期限最多不超过30日。因此，以调解、和解方式办理行政复议案件，既要追求"案结事了"的社会效果，也要有原则、有期限，注重效率，不能将调解、和解变成"和稀泥"，失去了应有的严肃性和权威性。这就要求行政复议工作人员在调解过程中，既要积极为当事人达成协议创造条件，促使纠纷化解，又要严格遵循行政复议审理期限的规定，对于当事人不愿调解的，或者经较长时间调解达不成协议的，应当及时作出行政复议决定，防止久调不决，维护当事人合法权益。

三、办理行政复议案件，应当充分运用听证审理方式

本案中，案件的调解得到实质性进展，正是因为案件的听证审理。听证审理不仅有利于查明案情，而且为申请人、被申请人、第三人提供一个公开交流磋商的平台。行政复议之所以在现实中陷入困境，不能发挥其作为解决争议的主渠道作用，一个重要的原因便是其审理方式缺乏公开透明度，不能赢得人们的信赖。采取听证方式审理案件，虽然需要更多的人力、物力、财力，需要增加行政成本，但能够增强审理的透明性，可以取得更好的效果。因此，为增强行政复议的公开性、公正性、权威性，促进当事人调解，真正化解矛盾，促进社会和谐，建议立法规定，将听证作为行政复议的一种常态审理方式。

（福建省泉州市人民政府法制办公室提供）

19 通过调解公正高效解决行政争议

——某建材公司不服某县人民政府
责令关闭决定案

基本案情

申请人：某建材公司

被申请人：某县人民政府

申请人对被申请人作出的责令关闭决定不服，向行政复议机关申请行政复议。

申请人认为，被申请人以申请人环保不达标，且逾期未完成环保限期治理任务为由作出关闭决定，不符合客观事实。被申请人对申请人作出关闭决定的真实原因是工业结构调整以及发展布局规划变化，其应当属于政策性关闭。

被申请人认为，经行政执法检查并经调查查实，申请人环保不达标，且逾期未能完成环保限期治理任务。根据《环境保护法》第三十九条的规定，被申请人对申请人作出关闭决定，符合法律的规定。

行政复议机关经审理查明，申请人是依法经批准的页岩空心砖生产企业。基于保护生态环境的初衷，某市出台了《市墙体材料工业结构高速和发展布局规划（2010）》，要求逐步淘汰落后产能。据此，被申请人决定关闭一批制砖企业。鉴于政策性原因关闭会产生较高补偿费用，被申请人决定将环保行政执法作为突破口，并以环保不达标、未完成限期治理任务为由对申请人作出关闭决定。

行政复议机关认为，被申请人基于淘汰落后产能的政策性原因需要关闭申请人，但是为逃避高额的补偿费用，选择采取以行政处罚方式实施关闭，该行政行为明显不当。并且，被申请人对申请人实施处罚性关闭，将责任推向申请人，致使申请人得不到经济补偿，将给申请人造成严重的经济损失，并对申请人的职工权益造成伤害，极易引发群体性事件。因此，行政复议机关决定采取行政调解的方式，快速化解这起纠纷。经组织调解，被申请人认识到了其行政行为的不当性，同意自行纠错，并与申请人达成和解，承诺在依法对申请人实施补偿后再予以关闭。据此，申请人主动向行政复议机关递交了撤回行政复议申请，行政复议机关则依法终止了该行政复议。

焦点问题评析

该案的焦点问题有两个：1. 被申请人对申请人实施处罚性关闭是否正当；2. 该案在行政复议审查中能否适用调解。

一、关于被申请人对申请人实施处罚性关闭是否正当的问题

从行政法意义上讲，关闭企业行为是行政机关依职权的行政行为，具有国家强制性。关闭企业通常有两种情形：一种是行政许可的撤销，即撤回性关闭；一种是因违法行为而实施关闭的行政处罚，即处罚性关闭。两者的方法、后果均不相同。处罚性关闭是指行政机关根据法律的规定，对具有严重违法行为（一般是违反法律强行性规定的行为）的企业，按照法定的权限和程序，强制剥夺其市场主体（民事主体）生产经营资格的具体行政行为。对企业实施处罚性关闭属于重大行政处罚，行政机关必须严格按照《行政处罚法》规定的程序并依据相关实体法律的规定来进行。撤回许可性关闭，又称为政策性关闭，是针对不符合国家产业政策、环境及资源保护政策的企业而言。这类企业并不违反严格意义上的法律或行政法规规定，不具有违法性。这类企业在开办之初，是符合法律规定的。行政机关之所以撤回许可其营业的承诺，主要是因为随着政治经济的发展，国家要对国民经济发展规划、计划进行必要的调整，而他们的生产经营方针、策略、方式已不能适应这种变化，因此，他们必须服从国家大局。国家对因政策调整而被迫关闭的企业应当给予必要补偿，对企业职工的就业安置应当予以救济。

该案中，被申请人基于保护生态环境，淘汰落后产能的初衷，决

定对申请人实施关闭，这本无可厚非，既符合法律的规定，也符合社会发展的客观实际，属于典型的政策性关闭。但是，由于实施政策性关闭需要向申请人支付较高的补偿费用，被申请人利用手中的行政权力主观地选择采取处罚性关闭方式，以逃避其应当履行的补偿和安置义务，是典型的滥用行政权力的表现，这样的行政行为明显不具备正当性，应当坚决予以纠正。

二、关于在该案的行政复议审查中能否适用调解的问题

根据《行政复议法实施条例》第五十条第一款第二项的规定，行政复议机关可以按照自愿、合法的原则对当事人之间的行政赔偿或者行政补偿纠纷进行调解。该案在办理过程中，行政复议人员对能否采用调解有两种不同观点：一种观点认为，该案不是行政赔偿或行政补偿纠纷，不能适用调解；另一种观点认为，从形式上看，申请人是针对被申请人作出的关闭企业决定申请行政复议，但究其实质，申请人申请行政复议的最终目的是被申请人的补偿行为。并且，申请人在申请行政复议时也明确表示，只要被申请人对其依法实施补偿，申请人就能够服从被申请人的关闭要求。因此，从实质上来讲，该案就是一个行政补偿纠纷，所以，可以适用调解方式来化解这起纠纷。

经全面审查，行政复议机关认为：从实质上讲，该案就是一起因行政补偿问题而引起的纷争。并且，由于被申请人对申请人实施处罚性关闭，极容易引发群体性事件，不利于社会和谐稳定。为切实维护申请人的合法权益，维护社会和谐稳定，行政复议机关认为，通过行政调解方式，能帮助快速解决这起纠纷。为此，行政复议人员首先与被申请人交换了意见，根据相关法律规定，明确指出了被申请人以行政处罚方式对申请人实施关闭行为的不正当性，并具体分析了该不当行为会带来的严重社会后果，要求被申请人采取切实措施，积极化解与申请人之间的纷争，并妥善处理相关事宜。为引起被申请人的足够重视，又专门制发了《行政复议意见书》，以书面形式敦促被申请人自行纠错、依法保障企业的合法权益。同时，又与申请人反复进行沟通，了解申请人的实际情况，引导申请人提出符合客观实际的补偿要求，并将相关情况及时反馈给被申请人。最终，被申请人同意自行纠错，并与申请人达成和解。

办案体会

迟来的正义是非正义。作为一种纠纷解决机制，行政复议自然也应当把高效作为重要的工作目标。高效地解决纷争，不仅可以节约行政成本和行政资源，同时也可以充分地发挥行政复议解决纠纷、维护社会和谐稳定的积极作用。尤其在我国，针对一些行政机关存在办事拖沓的问题，确立快速、高效、便捷地处理行政纠纷的原则非常必要。在该行政复议案件办理过程中，行政复议机关立足于快速解决争议，切实维护申请人合法权益的初衷，通过采取行政调解的方式，一方面及时督促被申请人自行纠正了不当行政行为，同时也依法维护、及时保障了申请人的合法权益。因此，这可以说是一起运用调解方式成功办结的行政复议案件。正是通过调解方式，该案真正做到了"案结事了"，实现了法律效果与社会效果的和谐统一。但是，需要强调的是，高效必须以公正为前提，我们应当在公正中尽可能快速，在快速中尽可能公正。行政复议机关不能为了追求快速而忽略了程序公正，比如，应该给被申请人必要的准备时间和答辩机会，只有真正做到公正与高效的高度统一，才能有效地达到行政复议所追求的目标，严格规范行政行为，切实维护公民、法人和其他组织的合法权益。

（四川省成都市人民政府法制办公室提供）

20 统筹考虑争议发生原因，有效化解行政纠纷

——张某不服某县水利局责令拆除预制板厂案

基本案情

申请人：张某

被申请人：某县水利局

申请人不服被申请人作出的责令其拆除河道上预制板厂的行政处罚决定，向县人民政府申请行政复议。

申请人认为，被申请人责令其拆除河道上预制板厂的行政处罚决定没有考虑历史因素，处罚过重，请求行政复议机关撤销该行政处罚决定。

被申请人认为，申请人的预制板厂无证长期占用河道的行为违法，并且拒绝自行纠正，应当予以拆除。

行政复议机关经审查发现，申请人的预制板厂始建于1981年，系该县当时为发展地方经济而鼓励发展的村办企业，当时申请人为建厂占地已经支付6000元的土地转让费。1993年旧城改造时，经县政府有关领导同意，申请人将其预制板厂搬迁至县城郊区河道上。迁厂后，申请人一直未向有关部门办理厂址占地手续。2010年10月，该县因修建防洪堤的需要，责成被申请人立即纠正申请人的预制板厂无证长期占用河道的行为。被申请人依法通知申请人拆除预制板厂。申请人要求被申请人向其支付48万元补偿费用，被申请人只同意支付3万元。双方多次协商未果，被申请人遂于2010年10月28日向申请人下达了《整改通知书》，责令限期拆除。对此，申请人抵触情绪很大，扬言要采取极端行为对抗强拆。

行政复议机关认为，申请人和被申请人各有一定的责任，从有效化解行政争议的角度出发，可以对双方当事人进行调解。

经过行政复议机关的积极调解，申请人与被申请人达成了最终协议：被申请人向申请人一次性补偿 12 万元，申请人张某自愿撤回行政复议申请，并自行拆除其预制板厂。

焦点问题评析

本案焦点问题表面上是申请人和被申请人对于拆迁预制板厂补偿费用数额的分歧，实质上是法律性质认定和法律责任承担的问题。

从申请人方面来看，其预制厂始建于 1981 年，建厂占地时已经支付了 6000 元的土地转让费，证明其对原来厂址具有合法的土地使用权。1993 年 8 月，为配合旧城改造，申请人将其预制板厂搬迁至县城郊区河道上。厂址迁移后，申请人应当补办用地手续，但是申请人以搬迁系经县政府领导同意为由，一直未向有关部门办理，客观上构成了非法占地经营。

从被申请人方面来看，被申请人作为该县河道主管部门，对行政辖区内的河道负有日常监察的职责。但是从 1993 年 8 月申请人将预制板厂搬至河道起，到 2010 年 10 月通知申请人拆除之前，被申请人在长达 17 年的时间里一直没有向申请人告知其占用河道的违法性，更没有进行过处理。因此，被申请人在河道监管上未能及时履行水政监察职责，存在一定过错。

申请人在没有办理相关用地手续的情况下，长期占用河道生产经营，违反《河道管理条例》关于未经批准不得在河道滩地存放物料、修建厂房或者其他建筑设施的禁止性规定，依法应当予以纠正。然而申请人当年将预制板厂建在河道上系经县政府有关领导同意的，虽然客观上构成了违法的事实，但是并没有主观故意的过错。而且，被申请人对河道的疏于监察管理，也使得申请人的预制板厂可以长期在河道上投放生产，对于其拆除后面临的损失显然应当承担一定责任。因此，对于本案的处理，单独强调哪一方应当承担法律责任都是不合理的。考虑到上述情况，从化解矛盾纠纷的角度出发，行政复议机关按照合法、自愿的原则，组织双方进行了调解，使这起案件得到了妥善解决。

办案体会

一、要秉持行政法治理念

行政复议程序基于相对人对具体行政行为的审查要求而启动。相对一般具体行政行为而言，行政复议在执法理念上应当要求更高。因此，行政复议办案人员应当具有更高的执法水平和执法能动性，才能应对相关案件的复杂情势。在具体案件审查过程中，行政复议不是对法律条文的简单对照，而是应当从公平、正义的法治理念出发，在深入查明事实的基础上，对案件做出合法、合理的处理，争取实现法律效果和社会效果的统一。

二、要以合法性审查为主，兼顾合理性原则

合法性原则主要解决行政合法与非法问题，这是首要的。合理性原则解决行政是否适当的问题，对于情势相对复杂的案件，要以合理性审查作为补充。行政合理性原则要求行政法律关系当事人的行为，特别是行政机关的行为，不仅要合法而且要合理，也就是行政机关的自由裁量行为要做到合情、合理、恰当和适度。在依法行政前提下，没有法律依据的任何具体行政行为均构成权力的滥用，因此每一个具体行政行为必须行之有据。但是，由于一些案件总是在变化的社会形势下发生的，而法律又有一定的稳定性，如果只对案件进行合法性审查，就可能出现"合法不合理"的情形。在行政管理中，由于行政相对人和行政主体处于不对等的地位，如果忽视案件中的合理性情节，则可能会降低行政主体的公信力，激化"民"与"官"的矛盾。本案中，被申请人为迫使申请人放弃高额补偿要求，只强调申请人占地的非法性。对此，申请人显然不能接受，情绪很激动，扬言要采取极端行为进行对抗。行政复议机关在处理本案时，突出了合理性原则的适用，平等地对待行政相对方，承认申请人经营预制板厂的历史原因，把补偿费用适当提高到 12 万元，兼顾了其合理利益，最终化解了这一矛盾。

三、要充分考虑案件处理的效果

对于一些可能转入行政强制、执行难度大、对社会产生重大影响

的行政复议案件，行政复议办案人员不仅要做好案件事实的审查工作，还应当充分考虑到行政复议决定下达后的执行情况，对案件处理的效果要有一定的预见性，并提出有针对性的意见和建议，为领导提供决策参考。本案行政复议人员充分考虑该案涉及的各种因素，及时向有关领导提出行政复议调解的建议，并得到了采纳。通过耐心、多次组织双方面对面进行协商，既指出各方的问题，也提出处理建议，使双方最终消除了分歧，达成了和解，从而化解了一起因行政执法而可能引发的重大社会矛盾。

（贵州省雷山县人民政府法制办公室提供）

行政复议调解制度的进一步完善

—— 某公司不服某省国土环境资源厅
行政处罚决定案

基本案情

申请人：某公司

被申请人：某省国土环境资源厅

申请人因不服被申请人作出的行政处罚决定，向行政复议机关申请行政复议。

申请人认为，申请人接到被申请人下发的《关于 A 猪场项目环境影响项目报告书的批复》后，立即进行污水处理设施建设和厂区内的整改工作。从养猪行业情况看，应以被处罚人实际造成污染的程度为依据来决定是否进行罚款以及罚款的额度，A 猪场对环境几乎没有造成污染，又属于本省"菜篮子工程"涉民生企业，被申请人应该本着扶持发展的原则，尽快办理项目竣工环境保护验收手续，而不是对申请人直接作出责令停产、罚款 5 万元的处罚决定，请求行政复议机关依法撤销该行政处罚决定。

被申请人认为，申请人的 A 猪场于 2004 年 4 月建成投产，2008年 8 月才办理环境影响评价审批手续，属于先建设后补办手续。被申请人作出的《关于 A 猪场项目环境影响项目报告书的批复》，要求申请人在项目整改竣工验收合格后 3 个月内，申请该项目环境保护设施竣工验收；验收合格后，项目方可正式投入运行。申请人未按该"批复"要求申请环境保护设施竣工验收，且在收到《环境违法行为限期改正通知书》后仍未办理环境保护设施竣工验收手续，违反了《建设项目环境保护管理条例》第二十七条的规定。被申请人据此于 2010 年3 月作出处罚决定，认定事实清楚，适用法律正确，请求行政复议机关依法维持。

行政复议机关认为，根据《行政复议法实施条例》第五十条的规定，行政复议机关对有关行政机关行使自由裁量权的案件可以按照自愿、合法的原则进行调解。经调解，当事人达成如下协议：申请人承诺在3个月内按环评批复要求完成环境保护设施建设，并申请验收；验收通过前，停止项目生产；被申请人对申请人不予罚款处罚。

焦点问题评析

一、被申请人作出处罚决定是否合法

我国实行建设项目环境影响评价制度。本案中，申请人虽就 A 猪场项目向被申请人报批建设项目环境影响报告书，但被申请人并未同意，而是提出整改意见，要求申请人在项目整改竣工验收合格后 3 个月内，申请该项目环境保护设施竣工验收；验收合格后，项目方可正式投入运行。申请人对 A 猪场建设项目虽进行了整改，但在被申请人送达《环境违法行为限期改正通知书》后仍未及时申请验收，亦未停止生产，根据《建设项目环境保护管理条例》第二十七条的规定："违反本条例规定，建设项目投入试生产超过 3 个月，建设单位未申请环境保护设施竣工验收的，由审批该建设项目环境影响报告书、环境影响报告表或者环境影响登记表的环境保护行政主管部门责令限期办理环境保护设施竣工验收手续；逾期未办理的，责令停止试生产，可以处 5 万元以下的罚款"。据此，被申请人作出处罚决定符合上述规定。

二、本案为何适用调解

根据《行政复议法实施条例》第五十条的规定，行政机关行使自由裁量权的案件和行政赔偿、行政补偿的案件可以适用调解。实践中，行政机关在法定的行政处罚幅度内和不同处罚种类上有自由裁量权，因此行政处罚案件属于常见的可以调解的类型。

有观点认为，行政复议调解应该以行政行为存在不合理或不当之处为前提。那么，在行政行为合法的情况下，是否有必要启动调解？

我们认为应具体案情具体分析。行政复议调解所遵循的主要原则就是合法和自愿原则，只要不违背法律规定，在行政复议双方当事人自愿的情况下，就可以促成双方当事人达成调解，或者以双方当事人和解后申请人撤回行政复议申请、行政复议终止作为结案方式，从而达到"定纷止争、案结事了"的目的。本案中，关联的案件共有四宗，涉及本省重点企业，考虑到申请人并未造成实际污染，并积极进行整改等情况，行政复议机关在征求被申请人同意后，促成双方达成调解协议，并以行政复议调解书的形式发出，达到良好的社会效果。

办案体会

我国正处于行政管理型政府向公共服务型政府转化的关键时期，从抑制社会矛盾冲突、建立和谐社会的目的考虑，应充分发挥行政复议调解制度的积极作用，从以下几方面入手，不断完善和促进行政复议调解机制：

一、细化关于自由裁量权案件的范围及分类

根据《行政复议法实施条例》第五十条的规定，对行政机关适用自由裁量权作出的具体行政行为不服和行政赔偿或者行政补偿纠纷，可以适用调解。其中自由裁量权案件的规定过于简单笼统，实践中不好把握，相关理论研究也不深，不足以达到充分发挥行政复议调解优势的目的。按照通常理解，自由裁量权案件主要是在行政处罚幅度和行政处罚种类上有自由裁量权的案件。但事实上，行政机关在行使行政职能时，还会出现其他自由裁量的情形：选择行为方式有自由裁量权案件，如许可或不许可，作为和不作为，都可以理解为行政机关可以行使自由裁量权的案件；对事实性质认定及对情节轻重认定有自由裁量权的案件；对作出具体行政行为时有自由裁量权的案件。准确把握这些可以适用自由裁量权的不同情形，有助于行政复议机关根据案情灵活处理不同案件。

二、适当扩大行政复议调解制度适用范围

近两年来，山西、哈尔滨、湖北、浙江等省陆续出台行政复议调

解相关办法，逐步尝试扩大行政复议调解的范围，涉及治安管理、工伤认定、土地征收、房屋拆迁、不作为等各个领域，这也符合多渠道、多元化解决争端机制的需要，值得学习和借鉴。对有较大社会影响或有示范作用，可以酌定处理的案件；相关法律法规没有规定或者规定不明确，在适用法律方面有一定困难的案件；以及具体行政行为存在不适当但又不宜撤销、变更或者确认违法的案件，在行政复议程序中优先调解，促成各方达成协议，不能达成协议的，行政机关应依法及时裁决。但是应当注意的是，行政案件毕竟不同于民事案件，只能在不违反现行法律法规的情况下适用，不能一味创新盲目扩大调解适用范围。

三、充分发挥行政复议调解功能，促进和解后行政复议终止

对于不宜通过行政复议调解，但双方当事人确实又存在调解基础的案件，或调解、和解后更有利于实现行政效能和公平的案件，行政复议机关可多做协调工作，这对化解矛盾纠纷，减少争议成本都很有意义。涉及平等主体之间产生的与行政管理有直接或间接关联的民事权益纠纷如土地所有权权属争议、林地农地宅基地使用权确权、交通损害赔偿、医疗卫生、消费者权益保护、物业管理等案件，行政机关在充分查明事实的基础上，可以多做案情和法律法规方面的释明工作，在征得当事人同意的基础上促成当事人达成协议，促成行政机关改变原行政行为，最终达到申请人撤回行政复议申请，案结事了的目的。

（海南省人民政府法制办公室提供）

22　运用行政复议和解，妥善化解行政争议

——某公司不服海关行政处罚决定案

基本案情

申请人：某公司

被申请人：某海关

申请人某公司于 2010 年 3 月 17 日、7 月 12 日向被申请人申报进口高周波金属热处理机一台，申报商品税则号列为 85141010.00。经被申请人查验确定，申请人实际进口货物的商品税则号列应为 85144000.90。被申请人根据《海关行政处罚实施条例》第十五条第四项之规定，决定对申请人上述申报不实的违法行为处以罚款人民币 38000 元。申请人不服被申请人的行政处罚决定，向行政复议机关申请行政复议。

申请人认为，海关商品税则号列归类的不确定性和报关员对商品归类知识的缺乏导致了申报错误，不具有违法的主观故意，被申请人的行政处罚将直接导致企业分类管理由先前的 AA 类下降为 B 类，严重影响企业经营，请求行政复议机关减轻行政处罚，并继续对申请人按照 AA 类企业进行分类管理。

被申请人认为，申请人在货物进口时没有如实向海关申报商品归类编码，导致出现申报不实的危害后果，应当承担法律责任。海关已经充分考虑申报不实违法行为系报关员理解偏差导致，遂按违反海关监管规定予以定性，并根据《海关行政处罚实施条例》第十五条第四项关于申报不实"影响国家税款征收的，处漏缴税款 30% 以上 2 倍以下罚款"的规定，处以罚款 38000 元（约为漏缴税款 1 倍），量罚合理，内容适当，并不畸重，请求行政复议机关维持该行政处罚决定。

后申请人和被申请人就行政处罚的裁量幅度调整达成了和解协议，并由申请人撤回行政复议申请。行政复议机关经审查认为，有关和解

协议符合行政复议法律法规的有关规定，制发了《行政复议终止决定书》。

焦点问题评析

一、争端缘由：商品归类的正确性之争

申请人申报进口高周波金属热处理机，申报商品税则号列为85141010.00，经海关查验并送检后，确定该商品归类应为85144000.90，从而导致了后续被申请人对申请人的行政处罚行为。申请人在申请中提出，要求行政复议机关进一步查清案件事实，对高周波金属热处理机进行归类专业认定。为了进一步厘清案情，查明案件事实，行政复议机关特商请关税部门的专业归类人员，对涉案高周波金属热处理机的归类提供专业意见。经关税部门专业人员认定，商品税则号列85141010.00和85144000.90的主要区别在于是否具备"电炉及烘箱"的特征。根据《进出口税则商品及品目注释》的解释："电炉及电烘箱主要由一个或多个具有一定封闭性并产生相当高温的空间或容器构成"。经查，本案中的高周波金属热处理机并不具备电炉或烘箱的封闭性特点，归入85141010.00并不准确。关税部门专业人员根据有关机器的工作原理，认定被申请人将高周波金属热处理机归入85144000.90归类准确。

二、矛盾核心：企业分类管理降级法律问题的处理

行政复议机关经过审查申请人提交的相关材料发现，商品归类的不同意见仅是引发行政执法争议的导火索，申请人申请行政复议的实际目的并不在于商品归类的确定。为了进一步了解申请人的行政复议请求，实现行政复议定纷止争的制度效果，行政复议机关多次与申请人联系，申请人也多次向行政复议机关反映企业的需求。行政复议机关经调查后发现，如果按照被申请人的处罚决定，申请人的企业分类管理将由先前的 AA 类调整为 B 类，企业降级后将遇到生产经营方面的诸多实际困难，因此，申请人申请行政复议想要实现的目的是使得企业分类管理级别维持为 AA 类管理。行政复议案件发生的时候正值新旧《海关企业分类管理办法》更替之际，根据 2011 年 1 月 1 日施行的《海关企业分类管理办

法》第三十条规定："警告以及罚款额在人民币3万元以下的违反海关监管规定行为，不作为企业分类管理评定记录"（旧法的规定为1万元以下）。换言之，被申请人如果在新法实施后调整行政处罚幅度（从人民币38000元调整为30000元以下），申请人将不被分类降级。行政复议机关通过全面审查，认为被申请人作出的行政处罚决定事实清楚，定性准确，程序合法。但从解决纠纷维持社会和谐的角度出发，适当调整行政处罚幅度更能实现海关执法效果和社会效果的平衡，而且申请人并非故意违法。于是，行政复议机关针对争议的矛盾核心——企业管理类别下降，从遵循法律精神原则和灵活适用法律角度出发，建议被申请人与申请人进行协商，通过适当调整处罚幅度的方法，把握新旧法更替的时机，在法律允许的范围内尝试通过和解手段化解本案中的行政争议。通过行政复议机关的积极协调，搭建了行政复议申请人与被申请人的有效沟通平台，为后来成功化解行政纠纷奠定了良好的基础。

三、崇法善用：和解协议的合法性审查

经过多次的沟通协调，最终申请人与被申请人就行政处罚幅度调整达成了和解，申请人向行政复议机关撤回了行政复议申请。行政复议机关依法审查有关和解协议。根据《行政复议法实施条例》第四十条的规定，申请人只能在对被申请人行使自由裁量权作出的具体行政行为不服申请行政复议的情况下与被申请人达成和解。本案中，行政复议机关经审查认为，行政处罚幅度的调整属于行政机关行使自由裁量权行为，而双方当事人达成的和解协议系其真实意思表示，和解协议的内容符合《行政复议法实施条例》、《海关行政复议办法》和《海关行政复议和解、调解操作规程》等相关规定，遂制发《行政复议终止决定书》，同意有关和解协议并终止行政复议案件审理，实现行政复议"定纷止争，案结事了"。

办案体会

一、突破书面审查：为化解纠纷奠定基础

根据《海关行政复议办法》的规定，审理海关行政复议案件应当

主动对案件情况进行调查，听取当事人意见，只有在审核简单案件时才采取书面审查的方式。从本案看，行政复议调查不但使得有关归类等专业问题得以明确，为对争议行政执法行为的合法性审查提供法律支持，也通过沟通使得申请人的真实目的"浮出水面"，为准确把握矛盾核心最终化解行政纠纷奠定基础。行政复议机关从书面审查中走出来，对案件进行全面的审理，在合法的基础上寻找化解行政纠纷的法律突破口，在行政复议和解阶段做了大量的协调工作，对促使行政复议和解协议的达成提供法律支持，充当沟通桥梁。

二、完善机制：为化解纠纷架构操作平台

在《行政复议法实施条例》出台后，海关总署适时出台了《海关行政复议办法》，并单独就海关行政复议的调解、和解公布了《海关行政复议和解、调解操作规程》。有关规定的出台，为通过行政复议调解、和解手段解决行政争议提供了法律支持，使得行政争议在有法可依的情况下得以充分解决。制度建立也进一步规范了行政复议的办案程序，行政复议在法治的框架下有序进行，便利操作，也防范了可能存在的执法风险。

三、建立人才库：为化解纠纷提供人力资源支持

在办理本案的3名合议人员中，除一名专门行政复议人员外，其余两名均为海关公职律师。行政复议机关早在2001年即建立起该海关的法律兴趣小组，并于2004年建立起关区公职律师队伍，后来在各基层海关也配备兼职法制岗位人员。行政复议机关始终重视关区法律人才库建设，不断加强法律人才的培养。法律人才库的建立一方面有效缓解了专职行政复议人员短缺的现实问题，以满足行政复议合议制审理的需求；另一方面也丰富了非专职行政复议审理人员的工作经验，增长了实际才干，也使行政复议审查更符合海关执法实际。

（海关总署政策法规司提供）

23 听证审理提高行政复议权威性

——赵某不服某市工商行政管理局扣押决定案

基本案情

申请人：赵某

被申请人：某市工商行政管理局

第三人：董某

申请人因不服被申请人对其销售的商品作出的扣押决定，向行政复议机关申请行政复议。

申请人认为，自己的"树叶+图形+王子"商标，已向商标局申请注册，且已接到商标局《注册申请受理通知书》，不侵犯第三人注册商标专用权。对于申请中的商标是否构成侵权，被申请人无权管辖，是越权执法。

被申请人认为，申请人涉嫌侵犯第三人注册商标专用权，被申请人有权根据《商标法》对涉嫌商标侵权的商品实施扣押。

行政复议机关查明：2009年9月被申请人接到第三人举报，称申请人侵犯其注册并使用在第19类商品上的"树叶王"商标专用权，并提交了"树叶王"商标注册证和申请人用在销售商品上的"树叶+图形+王子"图样。被申请人接到举报后，对申请人销售的涉嫌商标侵权的细木工板予以扣押。另查明，申请人的"树叶+图形+王子"商标于2008年申请注册，并接到商标局《注册申请受理通知书》，案发时还未核准。第三人于2005年1月经商标局核准取得"树叶王"商标所有权。二者都使用在木工板材上。"树叶王"商标在使用中发生较大改变，"树叶+图形+王子"图样与使用中的"树叶王"商标图样近似。

行政复议机关认为，被申请人有权对申请人涉嫌侵犯他人注册商标专用权的行为进行查处，但其仅依据第三人举报就对申请人采取强制措施存在瑕疵。经调解，本案以申请人撤回行政复议申请结案。

焦点问题评析

一、申请人是否构成侵犯注册商标专用权行为

《商标法》第三条规定，经商标局核准注册的商标为注册商标，商标注册人享有商标专用权，受法律保护。第五十一条规定，注册商标的专用权，以核准注册的商标和核定使用的商品为限。根据上述规定，法律将注册商标专用权保护的范围限制在核准注册的商标和核定使用的商品范围之内，不得任意改变或者扩大保护范围。"核准注册的商标"是指登载在商标注册簿上的商标，即商标局注册在案的组成商标的文字、图形、字母、数字、三维标志和颜色组合，以及上述要素的组合；"核定使用的商品"是指注册时核准使用的指定商品类别中的具体商品。只有在两者同时具备的情况下，商标注册人才享有商标专用权并受法律保护。

对注册商标的使用，《商标法》不仅专门在第六章设定了对注册人的使用管理规定，还在商标注册申请一章的第二十一条、第二十二条规定了商标在使用中超出注册范围的另行申请与重新申请制度。注册商标专用权的保护范围既是商标注册人行使权利的根据，也是对商标专用权进行保护的界限。如果商标注册人自行扩大其注册商标的使用范围或者任意改变其标志，不但不能得到法律保护，还可能导致其注册商标被撤销的后果。

本案第三人的"树叶王"商标，在商标注册证上只是汉字楷体，但使用时却变成汉字宋体加图形，明显改变了注册商标的图样，已不属于《商标法》的保护范围。申请人的"树叶+图形+王子"图样与第三人使用在商品上的"树叶王"商标图样近似，不构成侵犯注册商标专用权，但仍有傍名牌之嫌。

二、被申请人能否对已受理注册申请的商标涉嫌侵犯他人注册商标专用权的行为进行查处

根据《商标法》及《商标法实施条例》的有关规定，《注册申请受理通知书》只是商标局受理了商标注册人申请书件的回执或凭证，不产生、也不代表其他任何商标权利。商标局收到申请人提交的商标注册申请书件后，对商标注册申请是否按分类表填写，申请人是否具有法律规定的申请注册商标的资格及申请人是否按规定交送申请书件和费用进行形式审查，对申请手续齐备并按规定填写申请文件的商标注册申请，商标局予以受理并书面通知申请人。

受理后，商标局还要对是否具备作为商标应有的显著性，是否与法律、法规违背，是否与他人已经注册的商标和已经审定的商标权利发生冲突进行实质审查。取得《注册申请受理通知书》的商标能否被核准注册仍处在不确定的状态。领取了《注册申请受理通知书》的商标，不能必然表示其不侵犯注册商标专用权，当有证据表明其侵犯注册商标专用权时，县级以上工商行政管理部门就有权根据《商标法》关于商标侵权的规定予以查处。本案申请人的"树叶＋图形＋王子"商标接到《注册申请受理通知书》，只说明商标局收到了注册申请，对其涉嫌商标侵权的行为，被申请人仍有权查处。

三、被申请人采取强制措施的行为是否妥当

在查处商标侵权案件时，为了保存证据，防止当事人转移或销毁侵权商品的物证，工商部门往往立案后立即对涉嫌侵权的物品采取行政强制措施。《商标法》第五十五条规定，工商部门对有证据证明是侵犯他人注册商标专用权的物品，可以查封或者扣押。据此，工商部门行使扣押职权，必须有证据证明涉嫌侵权行为基本存在，不能凭主观猜测或者仅凭他人举报就采取这一措施。本案被申请人仅凭第三人的举报材料，就认定申请人涉嫌商标侵权，进而采取强制措施，而忽视了第三人的注册商标在使用中的擅自改变行为，是有瑕疵的。虽然采取强制措施并不以确定侵权事实一定成立为条件，但扣押后被申请人应当进一步收集证据确认涉嫌商标侵权行为是否成立，发现扣押措施不当的，应当立即解除扣押措施。

办案体会

一、行政复议机关在审理行政复议案件时，应当通知相关利害关系人作为第三人参加行政复议

《行政复议法》第十条第三款规定，同申请行政复议的具体行政行为有利害关系的其他公民、法人或者其他组织，可以作为第三人参加行政复议。行政复议机关认为，是否涉嫌商标侵权，应对申请人、第三人各自的商标及其使用在商品上的情况进行全面了解，因此应当通知第三人参加行政复议案件审理。

程序合法是依法行政的重要内容。本案第三人是否参加行政复议，并不影响行政复议的实体结果，《行政复议法》也没有强制规定相关利害关系人作为第三人参加行政复议。然而，从程序的角度来看，不通知第三人参加行政复议，事实上剥夺了第三人对行政复议案件的知情权和参与权。当行政复议结果对第三人不利时，必然引起第三人的不满和猜忌；而第三人参加到行政复议案件中，了解整个案件的审理过程和审理思路，更易于接受行政复议结果。

二、全面引入听证程序，做到"定纷止争、案结事了"

《行政复议法》第二十二条规定了在申请人提出要求或者行政复议机关认为有必要的情况下，可以向有关组织和人员调查情况，听取申请人、被申请人和第三人的意见。听证作为调查手段，在听证程序中，双方享有平等的资格，处于平等的地位。本案中，行政复议机关认为某些关键事实和证据尚存疑点，书面材料无法证明，通过听证，行政复议人员认真听取了申请人、第三人的陈述、申辩意见。对注册商标的保护范围、接到注册申请通知后的商标权利、对注册商标使用的管理规定、两个商标在市场上的使用情况等问题，从法律上进行解读，从事实上进行分析，最后通过大量的物证照片和《商标法》的相关规定，使申请人认识到自己傍名牌的错误行为；被申请人认识到自己在采取强制措施时取证不够细致；第三人认识到自己在商标使用上的错误行为。在查清事实的基础上，通过调解化解矛盾，平衡利益，促进当事人与行政机关的相互理解和信任，最终促使申请人撤回行政复议申请，充分发挥了行政复议"稳定器"的作用，提高了行政复议的权威性和公正性。

（辽宁省工商行政管理局提供）

24　运用听证方式，发挥行政复议"准司法"优势

——某公司不服某海关征税决定案

基本案情

申请人：某公司

被申请人：某海关

申请人某公司对某海关在《海关专用缴款书》中对其出口后又复运进境的货物食品级磷酸作出的征税决定不服，于2010年5月28日向行政复议机关申请行政复议。

申请人认为，被申请人在货物出口后复运进境将近一年后决定向申请人补征税款，超过法定期限；出口货物仅因品质或规格原因退运进境才免税的规定不合理，对于原状退运进境货物不应征税。因此，请求撤销被申请人的征税决定。

被申请人认为，在货物放行之日起一年内补税，未超过法定期限；申请人在货物出口、退运进境、再出口提交的单证均相同，货物退运进境不是因品质或规格的原因，海关应补征税款。因此，请求驳回申请人的请求，维持征税决定。

行政复议机关认为，2009年4月23日，申请人申报出口货物食品级磷酸。运输途中因传闻目的港拒收危化品，申请人将货物原状运回，于5月15日申报退运进境。被申请人对该货物全免税后于5月19日放行。5月27日因传闻澄清，申请人再次将货物申报出口。申请人在货物退运进境时未提交单证和证明文件说明是因品质或规格原因，且退运进境后再出口时提交的单证与货物首次出口、退运进境时均相同，即是按相同的品质和规格申报。因此，货物退运进境不是因品质或规格的原因，海关不能免征税款，申请人存在漏税事实。2010年5

月 19 日，被申请人制发《海关专用缴款书》对申请人补征税款，符合《海关法》第六十二条关于一年补税期限的规定，决定维持被申请人的征税决定。

焦点问题评析

一、申请人的货物退运进境，是否因品质或者规格原因的问题

《进出口关税条例》第四十三条规定，对因品质或者规格原因，出口货物自放行之日起一年内原状复运进境的，不予征收税款。本案中，由于传闻目的港拒收货物，外商要求更换目的港和包装，申请人在货物未卸船、货柜铅封完好的情况下，向被申请人申请货物退运进境。申请人认为，货物退运进境是由于外商要求更换目的港和包装，应当属于因品质或者规格原因，因此，不应征收税款。行政复议机关认为，对因品质或规格原因退运进境而不征收税款的，应当根据《海关进出口货物征税管理办法》第五十七条规定的程序进行审查，即纳税义务人在对此类货物办理进口申报手续时，应当按照规定提交有关单证和证明文件，经海关确认后，方可对复运进境的原出口货物不予征收税款。经审查查明，申请人申请货物退运进境时，并未向被申请人提交有关单证和证明文件，说明其货物退运进境是因品质或者规格的原因，且申请人的货物在退运进境后再出口时，提交的合同、发票等单证与货物首次出口、退运进境时均相同，即货物是按照相同的品质和规格申报出口。因此，就申请人货物进出境时的事实来看，申请人货物退运进境不是因品质或者规格的原因。

二、对因货物品质或者规格以外的原因（目的港拒收）原状退运进境的货物，是否应当免予征税的问题

在本案中，申请人认为，对于因目的港拒收原因导致原状退运进境的货物，海关不应当征税；法律法规关于只有在因品质或者规格原因的情况下，货物退运进境才免予征税的规定不合理，不符合国际贸易实际且不利于保护企业权益。《进出口关税条例》第四十三条对出口货物原状复运进境不予征收税款的情形采取的是列明式的规定，即仅对因品质或者规格的原因，海关才能依法不予征税。根据上述规定，对于因品质或者规格以外的其他原因退运进境的货物，海关不能免予征收税款，应当根据规定依法征收税款。关于申请人提出的《关税条例》、《海关进出口货物征税管理办法》规定只有因品质或规格原因退运进境的货物才免税的规定不合理的问题，不属于行政复议审查范围，海关作为行政执法部门，应当以现行有效的法律规定作为行政执法的依据。因此，本案中的被申请人对法律条文的规定进行了正确理解和执行，适用法律依据准确。

三、被申请人补征税款，程序是否合法的问题

本案中，申请人认为其在 2009 年 5 月申报货物食品级磷酸退运进境，被申请人在将近一年的时间后即于 2010 年 5 月再补征税款，补征税款的期限上没有法律依据和理由。根据《海关法》第六十二条、《进出口关税条例》第五十一条的规定，进出口货物放行后，海关发现少征或者漏征税款，应当自缴纳税款或者货物放行之日起一年内向纳税义务人补征。据此，对于申请人漏缴的税款，被申请人有权自缴纳税款或者货物放行之日起一年内依法进行补征。申请人在报关单下退运进境货物的放行日期为 2009 年 5 月 19 日，被申请人制发《海关专用缴款书》的日期，即补征税款的日期为 2010 年 5 月 19 日，被申请人在该货物放行之日起一年内补征税款，符合法定期限。因此，被申请人补征税款的程序合法。

办案体会

一、听证程序凸显行政复议"准司法"特点

行政复议既可以采取书面审查方式，也可以采用实地调查核实、听证等方式审查。与书面审查程序相比，听证程序更能凸显行政复议"准司法"的特点，有助于争议双方更直接、更公开地表达观点和意见，使行政复议过程更加透明，从而实现行政复议公开性与公正性、公平与效率的最优结合。《海关行政复议办法》第五章第三节对行政复议听证的适用情形、程序等作出了具体规定，为采取听证程序审案

提供了法律依据；海关总署将采取听证程序审案作为行政复议工作考评的加分项目之一，使采取听证程序审案在海关行政复议工作中日益普及和成熟，既提高了海关行政复议的公信力，也提高了海关行政复议工作人员的能力和水平。海关执法工作的专业性较强，往往涉及申请人重要利益，容易引发执法争议。此种情况下，本案采取听证程序审理，给争议双方提供"准司法"的平台表达各自意见，有效化解了行政争议，取得了良好的社会和法律效果。

二、行政复议过程强化"审宣结合、以案说法"

行政复议既是审查具体行政行为的过程，也是宣讲海关政策法规的过程。行政复议机关履行行政复议监督职能，与申请人没有直接对抗关系，其对海关政策法规的解读更容易获得申请人的支持和认可。本案双方的主要争议是对所适用法律依据的理解。听证中，申请人认为《关税条例》、《海关进出口货物征税管理办法》关于只有因品质或规格原因退运进境的货物才免税的规定不合理。行政复议人员向其说明上述规定为行政法规、部门规章，不仅是海关行政执法的依据，也是法院司法审判的依据，且不属行政复议审查范围，建议通过其他途径解决。本案行政复议过程始终把案件办理与法制宣传紧密结合，以案说法，最终获得了申请人对海关执法工作的理解，取得了宣传实效，充分发挥了行政复议监督的行为指引功能。

（海关总署政策法规司提供）

第五编 行政复议审查标准

25 充分发挥行政复议全面审查的监督作用

——某工程队不服某省国土资源厅
行政处罚决定案

基本案情

申请人：某工程队

被申请人：某省国土资源厅

第三人：A 公司

2007 年 7 月 16 日，申请人与第三人签订安全生产责任承担协议，第三人将其所属的某煤矿矿井生产安全责任等协议由申请人承担，申请人负责生产投入等一切费用，所产原煤销售权归申请人，第三人收取 50 元/吨的承包费。后经举报，2008 年 9 月 16 日，被申请人对第三人涉嫌非法转让采矿权的行为进行立案调查，并在调查终结后对第三人和申请人分别作出行政处罚：认定第三人非法转让采矿权，申请人无证开采；对第三人作出责令改正违法行为、处以人民币 45000 元罚款的行政处罚，对申请人作出责令停止开采、没收违法所得 2,523,026 元、处以违法所得一倍罚款的行政处罚。

申请人不服被申请人的行政处罚决定，认为被申请人没有依法履行告知和听证的法定程序，向国土资源部提起行政复议申请。后被申请人撤销了对申请人的行政处罚决定书，并依法举行了听证。2010 年 8 月 23 日，被申请人再次对申请人作出《行政处罚决定书》，责令其停止开采、没收违法所得2,523,026元和处以违法所得一倍的罚款。

申请人因对被申请人作出的《行政处罚决定书》不服，向行政复议机关申请行政复议。

申请人认为，一是被申请人作出行政处罚决定的程序违法。被申请人曾于2009年对其作出过处罚决定，2010年再次作出相同的处罚决定，程序明显违法；二是行政处罚决定认定事实错误。申请人在某煤矿采矿实际上是为第三人工作，不属于无证开采；三是被申请人的行政处罚决定没有事实和法律依据。

被申请人认为，一是被申请人作出行政处罚决定的程序合法；二是某煤矿的合法采矿权人为第三人，申请人是无证开采行为。申请人与第三人签订的是有偿使用采矿证的转让协议，其行为违反了有关法律规定；三是处罚决定是根据违法行为的不同性质分别作出的。

行政复议机关认为，被申请人行政处罚决定认定事实不清，证据不足，程序不公正，决定撤销被申请人作出的行政处罚决定，并责令被申请人在60日内重新作出行政处罚决定。

焦点问题评析

本案主要涉及对采矿权非法转让的认定和对受让方处罚的问题。

一、申请人的行为是否构成无证非法开采

本案中，申请人与第三人虽然签订的是《安全生产责任承担协议》，但从协议内容看，该协议约定了第三人将其拥有的采矿许可证项下的某煤矿交予申请人进行开采和使用，开采的原煤由申请人自行销售，生产、经营期间的一切费用由申请人承担，第三人按月收取一定的费用。结合有关材料可知，《安全生产责任承担协议》名为安全生产责任承包合同，实际上是采矿权承包协议。

根据《探矿权采矿权转让管理办法》第十五条和国务院《关于全面整顿和规范矿产资源开发秩序的通知》（国发〔2005〕28号）中"对非法转让探矿权、采矿权的，没收其违法所得，处以罚款，并责令限期改正，逾期仍不改正的，依法吊销勘查许可证、采矿许可证和其

他证照；对受让方按无证勘查、开采予以处罚"的规定，申请人作为非法转让采矿权的受让方，构成了无证非法开采行为。

二、被申请人对申请人违法事实的认定是否清楚

被申请人称，其在立案后曾多次与申请人联系，但申请人一直不配合调查，也未提供任何证据材料。因此，作出行政处罚决定时主要是依据第三人提供的证据材料，认定申请人违法所得数额 2523026 元的证据也完全是由第三人提供。根据《行政处罚法》第三十条"公民、法人或者其他组织违反行政管理秩序的行为，依法应当给予行政处罚的，行政机关必须查明事实"的规定，被申请人在作出对申请人权益产生重大影响的处罚决定时，未进行充分的调查取证和质证，完全按照涉案一方提供的证据材料进行判定，违反了法律的公平公正原则，所采纳的证据的真实性和准确性存在欠缺。

对于违法所得数额的认定问题，根据原地质矿产部《违反矿产资源法规行政处罚办法》第九条"对无证开采、越界开采处以没收违法所得行政处罚的，其违法所得数额应当按照销售凭证确定，没有销售凭据的，按照决定处罚当时、当地的市场价格计算，不得扣除开采成本"的规定，违法所得的认定应当以违法行为人实际取得的销售收入为依据。本案中，被申请人主要依据第三人提供的增值税发票和对第三人的询问笔录等对申请人的违法所得数额进行认定，未查明有关事实。因此，被申请人对申请人违法事实的认定不够清楚。

三、被申请人对申请人的处罚是否适当

《矿产资源法实施细则》第四十二条第三项明确规定："买卖、出租或者以其他形式转让矿产资源的，买卖、出租采矿权的，对卖方、出租方、出让方处以违法所得一倍以下的罚款。"同时，《探矿权采矿权转让管理办法》第十五条规定："违反本办法第三条第（二）项的规定，以承包等方式擅自将采矿权转给他人进行采矿的，由县级以上人民政府负责地质矿产管理工作的部门按照国务院地质矿产主管部门规定的权限，责令改正，没收违法所得，处 10 万元以下的罚款；情节严重的，由原发证机关吊销采矿许可证。"

本案是因非法转让采矿权所引发的纠纷，被申请人以第三人非法转让采矿权为由，对其作出责令改正违法行为、处以人民币 45,000 元的行政处罚；对申请人以无证开采为由，对其作出责令停止开采，没收违法所得 2,523,026 元、处以违法所得一倍罚款的行政处罚。被申请人对本案违法性质的认定是正确的，符合法律的规定，但是在进行具体处罚时，却对同一违法事实涉及的不同违法主体的处罚差别较大，未充分考虑双方在违法所得中所占的比例。被申请人对申请人违法行为的处罚相比对第三人的处罚明显不公平，有失公允。

办案体会

在本案审理过程中，行政复议机构与申请人、被申请人多次进行沟通，了解案件背后相关情况。为妥善处理本案，行政复议机构书面征求了有关司局的意见，并召开了案件审查会，充分听取各方当事人的陈述，并就案件争议焦点进行质证研讨。本案在处理过程中，因考虑到被申请人对申请人处罚认定事实不清，对第三人和申请人的处罚差别较大，行政复议机构曾建议被申请人主动撤销行政处罚决定，后因被申请人迟迟未作出撤销行政处罚的决定，而申请人也表示，即使被申请人主动撤销行政处罚决定，其也不同意撤回行政复议申请，希望依法作出行政复议决定。基于这种情况，行政复议机构继续审理此案，并召开司务会进行了专题研究，最终作出撤销行政处罚决定书及责令被申请人在 60 日内重新作出行政处罚的行政复议决定。

本案的处理，经过充分的事实和法律论证，达到了公平公正的效果，但同时暴露了行政机关在作出行政行为时存在的一些问题，即行政机关在作出行政行为时是否能够做到严格依法行政，确保行政行为合法、适当。

行政处罚是有处罚权的行政机关或者组织依法对公民、法人或者其他组织违反行政管理秩序的行为给予的制裁。《行政处罚法》系统地对行政处罚的设定、种类、实施机关、处罚程序等作了规定，是行政机关实施处罚的主要法律依据之一。行政机关在对公民、法人或者其他组织实施处罚时应当严格遵守《行政处罚法》和其他有关行政管理的法律、法规和规章的规定。根据《行政处罚法》的精神和原则，行政机关在作出行政处罚时，不仅应当合法，而且必须适当，应当遵循过罚相当原则，以充分体现法律的公平公正。

本案中，被申请人在对申请人进行第一次行政处罚时，未进行充分的调查取证，也未充分保障申请人应当享有的陈述权和申辩权等，违反了法律的程序性规定，因此予以撤销。被申请人第二次对申请人进行处罚时，尽管按照法律规定的程序依法举行了听证会等，但在对案件实质问题的认定上，仍未纠正第一次作出处罚决定时的缺陷，对于关键事实的认定不清，对于涉案双方的处罚严重缺乏公正性，因此作出的行政处罚决定仍然是不合法、不适当的。

（国土资源部政策法规司提供）

26 行政行为明显不当的审查标准

——朱某、苏某不服中国证监会行政处罚决定案

基本案情

申请人：朱某、苏某

被申请人：中国证监会

2009 年 10 月，被申请人作出行政处罚决定，认定某股份有限公司年报存在虚假陈述并对有关责任人予以行政处罚。其中，对时任董事朱某、苏某给予警告并分别处 3 万元罚款的行政处罚。朱某、苏某对此不服，申请原级行政复议。

申请人认为，被申请人的行政处罚决定过重，请求对其减免处罚。主要理由：一是申请人均为外部董事，对公司违法行为确实不知情；二是会计师事务所未承担任何责任，申请人依据会计师事务所出具的审计报告发表意见，更不应承担责任；三是被申请人根据该公司在独立董事的申诉材料上签署的有关"独立董事及其他董事对违法内容不知情"的意见，未给予独立董事及部分外部董事任何处罚，而对申请人的处罚却比其他非独立董事更重，没有体现权责对等原则；四是申请人在该公司破产重整工作中发挥了重要作用，希望予以考虑。

被申请人认为，行政处罚决定是合法、适当的，请求予以维持。主要理由：一是申请人均曾在该公司的实际控制人中担任要职，且连续四届担任该公司董事，代表控股股东和实际控制人在该公司董事会行使表决权等，因此应与第二和第三股东提名董事以及其他独立董事予以区别处理；二是会计师的审计责任并不能替代上市公司的会计责任和董事应尽的勤勉责任，被申请人已经根据《证券法》对该公司的审计机构作出了行政处罚；三是行政处罚决定是根据申请人的违法行

为的事实、性质、情节与社会危害程度，综合考虑各方面因素作出的，该处罚事实清楚、证据确凿、程序合法、处罚适当。

行政复议机关认为，申请人在行政复议阶段提出的关于在破产重整工作中发挥了重要作用的申辩意见，有其补充提供的相应材料等证据支持，依法可以从轻或减轻处罚；鉴于上述情节在行政处罚时未予考虑，根据违法行为人过罚相当、归责标准一致的行政处罚基本原则，应当依法减轻处罚。因此，行政复议机关将处罚决定中对申请人警告并处 3 万元罚款的处罚，变更为只给予警告的行政处罚。

焦点问题评析

本案争议的焦点问题是：被申请人的行政处罚行为是否明显不当。

《行政复议法》第二十八条第一款第三项第五目规定，具体行政行为明显不当的，行政复议机关应当决定撤销、变更或者确认该具体行政行为违法。《行政复议法实施条例》第四十七条第一项进一步规定，具体行政行为认定事实清楚，证据确凿，程序合法，但是明显不当的，行政复议机关可以决定变更。

行政行为明显不当的审查，学理上通常有这样一些审查标准：比例原则、平等原则、考虑不相关因素或未考虑相关因素等。所谓比例原则，又可分为三个原则，即合目的性原则、适当性原则和均衡性原则（狭义的比例原则）。所谓合目的性原则，就是要求行政行为所采用的手段，必须能够实现其目的；所谓适当性原则，就是行政行为所采用的手段，应当是各种方案中对当事人损害最小的；所谓均衡性原则，就是行政行为所欲实现或保护的利益必须大于其不得不损害的利益。所谓平等原则，是要求行政机关针对基本类似的案件，应当作出基本相同的行政行为。虽然通常认为，案件事实千差万别，当事人之间也不一样，不可能做到针对不同的案件作出完全相同的决定。不过，也不能否认许多案件实际上仍然具有可比性。如果作出决定时所考虑的个案差异，其实对处理结果并不产生实质性影响，那么先例的约束作用仍然是存在的。

在本案中，行政处罚决定认定事实、适用法律及程序均无不当，但在行政复议时，行政复议机关还考虑了申请人积极消除违法后果，以及应当与其他类似董事的处罚幅度相平衡等因素。

首先，对于申请人在该公司破产重整过程中发挥积极作用的证据。这些证据能够证明申请人确实积极主动地消除违法后果，根据《行政处罚法》第二十七条第一款第一项之规定，也是应予从轻或减轻处罚的情节。虽然申请人在行政处罚程序中并未提交相关证据，而是在行政复议程序中才提交，但是从立足于查明案情，依法保障申请人合法权益的角度，行政复议机关对这些证据也予以采纳。

其次，对于申请人在处罚程序中提出相关董事对违法事项不知情的证据，处罚决定在认定其他董事的法律责任时予以了考虑，但对申请人却没有予以充分考虑，并且申请人的处罚较之其他外部董事更重。因此，与同一案件中违法情节类似的其他董事相比，申请人受到的处罚偏重，处罚决定明显不当。

办案体会

一、行政复议要坚持合法性与合理性审查并重

《行政复议法》第一条明确规定："为了防止和纠正违法的或者不当的具体行政行为，保护公民、法人和其他组织的合法权益，保障和监督行政机关依法行使职权，根据宪法，制定本法。"第二十八条规定，具体行政行为认定事实清楚，证据确凿，适用依据正确，程序合法，内容适当的，行政复议机关可以决定维持。因此，行政复议机关对具体行政行为的审查要坚持合法性与合理性并重，既要审查具体行政行为是否合法，又要审查行为内容是否适当，具体行政行为只有合法、适当的，行政复议机关才能予以维持。行政复议机关可以对具体行政行为的合理性进行审查，并且对于明显不当的具体行政行为，有权直接进行变更。这也是行政复议与行政诉讼在审查范围和审查深度上的重要区别，也表明行政复议对申请人的救济力度更大。因此，行政复议机关在办理行政复议案件中，要坚持全面审查原则，对具体行

政行为的合法性与合理性并重审查。尤其是随着行政机关依法行政意识和能力的提高，明显违法的行政行为将会越来越少，但是行政行为合理性问题将会凸显。我国也越来越注重对行政行为合理性问题的规范。目前，一些地方和部门陆续出台了行政处罚方面的裁量基准，也是对进一步规范行政裁量权的行使，提高依法行政水平的有益尝试。随着行政执法水平的不断提高以及相对人维权意识的不断增强，仅仅以认定事实清楚、适用法律正确和程序合法作为判断行政行为合法性的标准已经不能适应当今人民群众对执法水平的要求。因此，必须重视对具体行政行为合理性问题的审查，尤其是对于行政机关行使自由裁量权时作出的具体行政行为。

二、行政复议机关对明显不当的具体行政行为要勇于纠错

行政复议机关在办案中，要坚持"以人为本、复议为民"的原则，对具体行政行为的合法性与合理性进行全面审查，对明显不当的具体行政行为要坚决纠正，该撤销的要坚决予以撤销，该变更的要坚决予以变更。依法纠错，是决定行政复议权威性和公信力的关键。行政复议机关依法纠错，既能监督和推动行政机关依法行政，又可以赢得老百姓对于法律的信任。因此，无论是行政行为的作出机关还是行政复议机关，都要改变以往仅仅重视认定事实、适用法律和作出程序等环节，而比较容易忽视对裁量权的妥当行使的错误倾向。在行政复议工作中，行政复议机关应当将行政行为是否存在明显不当放在与事实是否清楚、适用法律是否正确、程序是否合法同等的地位来审查具体行政行为。对于具体行政行为合法，但是内容明显不适当的，要坚决予以变更，加大行政复议的救济力度，真正做到维护相对人的合法权益不打折扣。同时，行政复议机关要掌握对具体行政行为合理性进行审查的要点，比如行政行为目的是否正当、是否符合比例原则、是否遵循先例、是否平等对待当事人、考虑是否正当、是否忽视了法律保护的利益等。

（中国证券业监督管理委员会法律部提供）

27 政府信息公开不作为认定分析

——李某不服某县人民政府信息公开不作为案

基本案情

申请人：李某

被申请人：某县人民政府

申请人对被申请人未在法定期限内对申请人请求公开的"某县人民政府 2003 年以储备用地为名征收某村土地的征收批准文件及报批材料、征地补偿和安置方案批准文件"等相关材料进行答复的行为不服，于 2010 年 12 月向某市人民政府申请行政复议。

申请人认为，被申请人不履行政府信息公开的法定职责违反法律规定，请求责令被申请人限期公开申请人申请公开的政府信息。

被申请人认为，《政府信息公开条例》于 2008 年 5 月 1 日起施行，申请公开的事项是在 2003 年，《政府信息公开条例》无溯及力，故不予公开申请人的申请事项。

行政复议机关认为，被申请人未根据《政府信息公开条例》第二十一条、第二十四条的规定履行信息公开的答复职责。因此，根据《行政复议法》第二十八条第一款第二项和《行政复议法实施条例》第四十四条的规定，责令被申请人自收到行政复议决定书之日起 15 日内，根据《政府信息公开条例》第二十一条、第二十四条的规定履行答复职责。

焦点问题评析

一、行政不作为的认定

本案双方争议的焦点是被申请人在履行职责过程中是否存在行政

不作为。

按照行为的方式，行政机关的具体行政行为可分为作为和不作为。作为的行政行为是指以积极作为的方式表现出来的行政行为。不作为的行政行为是指以消极不作为的方式表现出来的行政行为。构成行政不作为必须具备两个条件：一是申请人的请求事项在被申请人的职责范围内；二是对申请人的请求不予答复或拒绝履行职责。行政机关不作为一般有以下三种情况：第一，在法定期限或合理期限内不予答复；第二，拒绝履行，即明确答复不履行；第三，部分履行，即没有完全履行法定职责。

行政复议机关在审理行政不作为这一类行政复议案件时，首先要审查被申请人是否具备相应的法定职责。《政府信息公开条例》第二十一条规定，对申请公开的政府信息，行政机关根据下列情况分别作出答复：（一）属于公开范围的，应当告知申请人获取该政府信息的方式和途径；（二）属于不予公开范围的，应当告知申请人并说明理由；（三）依法不属于本行政机关公开或者该政府信息不存在的，应当告知申请人，对能够确定该政府信息的公开机关的，应当告知申请人该行政机关的名称、联系方式；（四）申请内容不明确的，应当告知申请人作出更改、补充。据此，被申请人有义务对申请人进行答复，这种"答复"行为应该属于被申请人的职责范围，当然，"答复"并不等于"必须公开"。根据《政府信息公开条例》第二十四条第一款、第二款的规定，行政机关收到政府信息公开申请，能够当场答复的，应当当场予以答复。行政机关不能当场答复的，应当自收到申请之日起15个工作日内予以答复；如需延长答复期限的，应当经政府信息公开工作机构负责人同意，并告知申请人，延长答复的期限最长不得超过15个工作日。本案中，被申请人即属于不作为三种情况中"在法定期限内不予答复"这一种。因此，应认定被申请人构成行政不作为。

二、《政府信息公开条例》的溯及力问题

法的溯及力问题，即新法生效后能否溯及适用于其生效以前的事件和行为的问题。《政府信息公开条例》是2008年5月1日开始实施，

而申请人是在 2010 年提出的信息公开申请，该申请行为很明显发生在《政府信息公开条例》实施以后，因此该案并不涉及法的溯及力问题。在本案中，对"溯及力"定义中所指的"事件和行为"应理解为申请行为，而不是申请事项的内容，《政府信息公开条例》所调整的行为是申请和公开行为，申请行为发生在《政府信息公开条例》实施之后，就必然受《政府信息公开条例》的调整和保护。因此，被申请人以《政府信息公开条例》无溯及力为由，对申请人申请事项不予公开的答复理由是不成立的。

办案体会

一、对于政府信息公开申请要依法履行答复职责

《政府信息公开条例》实施后，公众对政府信息公开的关注持续升温，对公开的需求也逐渐增多。政府信息公开所引发的行政复议案件也呈现出增多的趋势，行政机关和行政复议机关都将面临很大的压力。因此，特别要强调行政机关在接到信息公开申请后，无论申请事项是否属于本机关公开范围，无论是否存在不能予以公开的理由，都应该依法积极地作出答复。同时要畅通来件流转的渠道，归口要准确，职责要明确，机关内部各部门之间也要做好衔接和配合，申请人的申请行为所指向的是该机关，而不是机关内部的某一部门，不要因为内部衔接运转方面的问题，影响到信息公开职责的依法履行。

二、行政机关履行信息公开法定职责时要注意证据保存

行政机关在依法履行信息公开法定职责的过程中，应当尽可能多的保存有关证据，便于在产生行政争议或纠纷时，能有效地证明履行了法定职责。这就需要进一步做好案卷管理、证据的采集和留存等方面的工作，做到积极采证，专门归档，统一保管，为维护行政机关在行政纠纷中的合法权益提供有力保证。

三、准确把握信息公开背后隐藏的焦点问题

目前，要求政府信息公开的申请逐渐增多，也在推动政务公开、规范行政行为、保护人民群众知情权方面发挥了重要作用。但是，实

践中也出现了不少申请人是以政府信息公开为名推动其他案件的处理的情形。一种情况，申请人通过政府信息公开获得相关政府信息，特别是一些行政机关的报批材料及批准文件，申请人有时候会抓住不放，单方认定与其有利害关系，从而引发新的行政复议和行政诉讼，造成行政成本的浪费。另一种情况，一些长年信访、缠访的人员借法律赋予的权利，以政府信息公开的方式为自己的信访案件找突破口，尤其是向多个部门群寄群发政府信息公开申请，一旦有不作为或者行政机关在证据保存上有疏忽的情况，申请人就会抓住不放，从而借以要求行政机关解决自己信访申诉的问题，甚至会利用网络等媒体，制造公众焦点，从而使行政矛盾更加尖锐。这些倾向都需要引起行政机关高度注意和妥善处理。

综上所述，政府信息公开类的行政复议案件是一种新类型案件，新类型中又显现出新趋势，新趋势里透出的是新难度。各级政府、部门都应高度重视，做到依法行政，保护公民的合法权益。同时，也要维护社会的稳定，使公民合法、有序地得到法律救济，定纷止争，更好地化解行政矛盾。

（天津市人民政府法制办公室提供）

28 政府信息公开案件中对履行法定职责的认定

——苏某等5人请求责令某区人民政府 履行政府信息公开职责案

基本案情

申请人：苏某等5人

被申请人：某区人民政府

申请人以被申请人未公开其申请公开的信息，侵犯其合法权益为由，向行政复议机关申请行政复议，请求责令被申请人公开其申请公开的相关信息。

申请人认为，根据《政府信息公开条例》，其请求被申请人公开区法院、检察院办公楼建设项目系由哪级人民政府审批及文书，"两院"选址地点和建设方案、建设单位及使用单位名称，市规划和国土资源局规划红线及规划层高等开工审批手续，代建期间由谁负责解决因项目建设损害到居民利益的安置和补偿。但被申请人未向申请人进行公开或答复，而是由区重点工程建设办公室（以下简称区重点办）向5位申请人出具《关于区法院、区检察院建设项目政务公开的说明》（以下简称《说明》），以区法院、区检察院两院属于国家办案机关，根据保密法相关规定，部分数据不宜公开为由，拒绝公开申请人申请公开的相关信息，于法无据。故申请行政复议机关责令被申请人依法履行政府信息公开义务。

被申请人认为，区重点办属于承办"两院"工程的具体办事机构，有权给予答复。"两院"工程建设中包含档案室、拘押室等涉密场所，公开"两院"工程规划图纸等材料，将对社会造成一定影响，违反国家保密规定，故未进行公开。

行政复议机关认为，被申请人在收到5位申请人提出的《政府信息公开申请书》后，没有根据《政府信息公开条例》的相关规定给予公开或答复，而是由区重点办向5位申请人出具《说明》，不符合相关规定。根据《行政复议法》第二十八条第一款第二项之规定，责令被申请人履行法定职责。

焦点问题评析

一、关于适格被申请人的认定问题

本案申请人申请行政复议时，被申请人是某区人民政府，行政复议请求是责令该区人民政府公开区法院、检察院办公楼建设项目系由哪级人民政府审批及文书，"两院"选址地点和建设方案、建设单位及使用单位名称，市规划和国土资源局规划红线及规划层高等开工审批手续，代建期间由谁负责解决因项目建设损害到居民利益的安置和补偿；申请人同时提交了区重点办的《说明》，证明区政府未履行政府信息公开义务。

案件受理时有两种观点：一种观点认为，既然区重点办已经向5位申请人出具了《说明》，申请人不服可以以区重点办为被申请人申请行政复议。另一种观点认为，申请人是向区政府申请政府信息公开的，区政府应该根据《政府信息公开条例》的规定对政府信息公开申请作出答复，或者履行告知和说明理由义务，属于不予公开范围的，应当告知申请人并说明理由；依法不属于本行政机关公开或者该政府信息不存在的，应当告知申请人；对能够确定该政府信息的公开机关的，应当告知申请人该行政机关的名称、联系方式；申请内容不明确的，应当告知申请人作出更改、补充。但本案中区政府受理申请人的政府信息公开申请后，既没有说明申请公开事项不属于本行政机关公开，也没有告知该政府信息的法定公开机关，而是通过内部转件的形式责成区重点办处理，可以视为是区政府委托其他机构代其处理。即使区重点办是以自己名义向申请人出具了《说明》，但其后果应由区政府承担。申请人认为区政府没有根据《政府信息公开条例》的规定履行公开或答复职责而申请行政复议，区政府是适格的被申请人。行政复议机关采纳了第二种观点，受理了申请人的行政复议申请。

二、被申请人是否根据《政府信息公开条例》的规定履行了法定职责

被申请人认为其收到5位申请人的政府信息公开申请书后，责成具体办事机构对公开申请进行答复。区重点办属于承办"两院"工程的具体办事机构，有权给予答复并且也给申请人出具了《说明》。《说明》认为区法院、区检察院两院属于国家办案机关，根据保密法相关规定，部分数据不宜公开，故不能公开申请人申请公开的信息。所以被申请人已经根据《政府信息公开条例》的规定履行了答复职责，而且答复内容符合法律规定，依法应驳回申请人的行政复议请求。

行政复议机关经审理认为，被申请人在收到5位申请人提出的政府信息公开申请书后，应当根据《政府信息公开条例》的相关规定，履行政府信息公开职责。但被申请人并未对申请人履行职责，而是通过内部转件的形式，责成具体办事机构进行处理、答复，而该具体办事机构也没有针对申请人的各项申请公开内容进行认真审查答复，而是简单地以保密为由不予公开，并且在行政复议期间也无法提供定密依据。即使认为"责成"可视为区政府的委托，但责成的具体办事机构也未根据《政府信息公开条例》的规定履行法定职责，其后果应由委托机关承担。本案中区政府对申请人的信息公开申请不是置之不理，但其处理方式却不是依法履行职责。所以，行政复议机关根据《行政复议法》第二十八条第一款第二项之规定，决定责令被申请人按照《政府信息公开条例》的规定履行法定职责。

办案体会

一、规范政府行为，从源头上减少潜在案件的发生

当前，我国正处在社会、经济加速转型时期，社会利益分配格局不断变化、调整，各类纠纷进入高发阶段，涉及房产、拆迁、劳动、社会保障等诸多与百姓切身利益联系紧密的问题。《政府信息公开条

例》公布后,公众对政府部门依法公开信息有着热切的渴求和很高的期待。人民群众在关注自身利益的同时,也希望《政府信息公开条例》的实施能够实现规范政府行为,促进政府公开透明、预防腐败的作用。如果行政机关及其工作人员不能充分理解《政府信息公开条例》的相关规定及立法目的,不能真正树立起"服务"行政的理念并将其内化在行政文化的结构中,不能依法依规提供高质量、高效率的政府信息公开服务来满足公众的需求,公民就会通过各种法律途径保护自身合法权益,这往往会引发诸多政府信息公开类的行政复议或诉讼。而有些行政机关明明已经做了很多工作,但由于其对《政府信息公开条例》的规定理解不透、不细,处理方法与条例规定的大相径庭,不但得不到申请人的认可,也得不到行政复议机关和司法机关的支持。所以各级负有政府信息公开职责的行政机关要高度重视,依法依规妥善处理政府信息公开申请,从源头上减少潜在案件的发生。

二、相关法律法规有待进一步完善健全

《政府信息公开条例》赋予公民获取政府信息的知情权这一权利,是继《行政许可法》公布实施以来的又一部重要的行政法规。由于条例规定涉及与《保守国家秘密法》、《档案法》、《反不正当竞争法》、《物权法》等法律的有机衔接,条例本身需要明确的问题很多,导致政府信息公开类行政案件产生诸多争议问题。要从源头解决审理此类案件遇到的各种问题,需要进一步完善相关法律规定。特别是《政府信息公开条例》中关于政府信息公开范围问题,它是处理此类案件的核心和关键,而《政府信息公开条例》的一些规定还比较原则,使具体案件的处理有较大的灵活性和自由裁量空间,应该考虑在适当的时候,由有关部门制定相关补充规定、实施细则或司法解释,进一步对此类案件作明确的阐述,指导行政执法与行政复议审查、司法审判的实践。

（辽宁省沈阳市人民政府法制办公室提供）

29 行政复议促进行政机关依法公开政府信息

——赵某不服某市财政局政府信息公开答复案

基本案情

申请人：赵某

被申请人：某市财政局

2007 年 7 月 9 日，国家某部下发《关于进一步加强人民调解工作经费保障的意见》（以下简称某部文件）。2008 年 8 月 28 日，被申请人制作《关于转发〈某部关于进一步加强人民调解工作经费保障的意见〉的通知》（以下简称转发通知），对某部文件作了若干补充通知，并以附件形式转发了该文件。2009 年 9 月，申请人曾向被申请人申请获取某部文件。被申请人告知申请人该文件已在某部的门户网站上作为政府信息主动公开，并向申请人提供了相应的网址。2009 年 10 月 12 日，申请人向被申请人提出政府信息公开申请，要求获取被申请人制作的转发通知。2009 年 10 月 28 日，被申请人作出《政府信息公开申请答复书》，告知申请人根据《某市政府信息公开规定》第二十三条第三项①的规定，该转发通知不属于国务院《政府信息公开条例》、《某市政府信息公开规定》第二条所指的政府信息。申请人对被申请人的政府信息公开答复行为不服，可以向行政复议机关申请行政复议。

申请人认为，被申请人未告知有关信息的实际状态，也未说明不属于政府信息的理由，与被申请人此前向申请人提供某部文件的做法存在明显矛盾，不合常理和逻辑。因此，请求行政复议机关撤销被申请人作出《政府信息公开申请答复书》的具体行政行为。

---

① 《某市政府信息公开规定》第二十三条第（三）项规定，申请内容不属于本规定的政府信息范围的，应当告知申请人并说明有关情况。

被申请人认为，申请人所申请的信息是被申请人为落实某部文件而布置的内部管理要求，是行政机关上下级之间有关内部管理财务事务的行文，与管理相对人之间不发生权利义务关系，没有直接的法律效力，因而不属于政府信息。被申请人作出《政府信息公开申请答复书》的具体行政行为，适用依据正确，程序合法，处理恰当，请求行政复议机关予以维持。

行政复议机关认为，被申请人将转发通知认定为非政府信息，属于认定事实不清，据此作出的答复存在欠妥之处。经与被申请人沟通，被申请人认识到其原认定事实有误，遂向申请人作出《撤销政府信息公开申请答复告知书》，撤销了原答复，同时，重新作出《政府信息公开申请答复书》，告知申请人其申请获取的信息属于主动公开的信息，并向申请人提供了刊载前述信息的网站网址，还告知申请人可到被申请人设立的政府信息公开查阅点查阅。尽管被申请人已自行撤销原具体行政行为，但申请人仍不愿撤回行政复议申请。行政复议机关遂作出行政复议决定，确认被申请人作出的原《政府信息公开申请答复书》的具体行政行为违法。

焦点问题评析

本案是一起因行政机关政府信息认定错误而引发的行政争议。实践中，有些行政机关由于对信息是否可以公开把握不准，答复申请人所申请的信息不是《政府信息公开条例》所指的政府信息，导致事实认定错误。对本案而言，重点讨论以下两个问题：

一、被申请人所作转发通知是否属于政府信息

根据《政府信息公开条例》和《某市政府信息公开规定》第二条，政府信息是指行政机关在履行职责过程中制作或者获取的，以一定形式记录、保存的信息。据此，界定"政府信息"可从以下四点人手：第一，信息的产生主体为行政机关；第二，信息产生于行政机关履行职责的过程中；第三，信息的产生方式可以是行政机关自身制作，也可以是行政机关从公民、法人或其他组织获取；第四，信息记录、

保存于一定形式的载体之上。本案中，被申请人作为政府财政收支管理机关，负责人民调解工作的经费保障，在履行自身职责过程中印发了转发通知。该通知符合上述四项要件，故应认定为政府信息。从另一个角度分析，由于某部文件已作为政府信息在其网站上主动公开，被申请人所作的转发通知中补充通知的内容也符合政府信息的特征，所以转发通知也应认定为政府信息。

本案中，被申请人在答复意见中认为，转发通知属于行政机关内部管理财务事务的信息，行政复议机关对此不予支持。《政府信息公开条例》和《某市政府信息公开规定》均未出现内部管理信息的规定。实践中一般认为，行政机关自身的财务、人事、对工作人员的管理制度等信息，因与行政机关对外履行职责无直接关联，所以不属于《政府信息公开条例》所指应公开的政府信息。本案被申请人所作转发通知的内容，并不是行政机关自身内部的财务制度及人事管理制度，而是涉及该机关履行人民调解工作经费保障的公共管理职能，不应认为属于内部管理信息。

二、被申请人所作转发通知是否可以公开

根据政府信息公开为原则、不公开为例外的理念，认定政府信息可否公开，采取的是"排除法"，即该信息若不属于法定的不予公开范围，则可以公开。根据《政府信息公开条例》和《某市政府信息公开规定》的相关规定，不予公开的政府信息主要有三种情形：涉及国家秘密、商业秘密、个人隐私；公开后可能危及国家安全、公共安全、经济安全和社会稳定；其他法律、法规明确规定不予公开的。本案中，转发通知涉及人民调解工作的经费保障，需要社会的广泛知晓。某部文件已经作了主动公开，且被申请人未能提供转发通知可以不予公开的理由，所以转发通知应予主动公开。被申请人告知申请人转发通知属于主动公开的信息，并向申请人提供了刊载前述信息的网站网址，同时告知申请人可到被申请人政府信息公开查阅点查阅的做法，符合相关法规规定。

办案体会

一、准确认定申请公开政府信息的性质，是做好政府信息公开工作的前提

从本案可以看出，判断申请人申请获取的信息的性质，是政府信息公开工作的基础问题之一。申请人所申请的信息属于政府信息的，才能纳入政府信息公开法律法规调整的范围。在收到政府信息公开申请后，首先要准确界定信息的性质，不属于政府信息的及时告知申请人；属于政府信息的，要严格依照《政府信息公开条例》第二十一条的规定，根据不同的情况分别作出答复。可以说，对信息的性质作出准确认定，是行政机关正确作出政府信息公开答复或告知的前提。

二、加大政府信息主动公开的力度，建立健全主动公开机制

行政机关本应主动公开的信息而未主动公开的，会使申请人转而依申请来获取信息，客观上将增加申请政府信息公开的数量，也必然使行政机关在政府信息公开答复和信息检索的工作上耗费大量的时间和精力，进而还可能引发行政争议。因此，建议各级政府信息公开义务主体梳理自身所掌握的政府信息，加大政府信息主动公开的力度，建立健全主动公开机制，充分利用政府网站、政府公报等形式及时公开政府信息，以更好地为公众获取政府信息提供便利。

（上海市人民政府法制办公室提供）

30 正确区分政府信息公开申请与一般咨询申请

——王某不服农业部信息公开不作为案

基本案情

申请人：王某

被申请人：农业部

2009 年 11 月 9 日，申请人向被申请人邮寄《农业部政府信息公开申请表》，申请公开国家标准《GB/T10782—2006 蜜饯通则》及农业部发布的行业标准《NY/T1506—2007 绿色食品可食用花卉》、《NY5316—2006 无公害食品可食用花卉》与卫生部发布的《关于进一步规范保健食品原料管理的通知》中可用于保健食品的物品名单内容是否存在冲突以及如有冲突应如何适用。2009 年 11 月 13 日，被申请人签收其邮件。但自收到邮件之日起 15 个工作日内，被申请人未作出任何形式的答复。申请人对此不服，于 2009 年 12 月 15 日向农业部申请原级行政复议。

申请人认为，被申请人未在法定时限内作出答复，违反了《政府信息公开条例》的相关规定，属于行政不作为，请求确认被申请人不作为的行为违法并依法责令其答复。

被申请人认为，其所属的农产品质量安全监管局于 2009 年 12 月 3 日收到信访处转交的申请人来信，在进行研究并与申请人进行沟通后，已于 2009 年 12 月 14 日对申请人的申请事项进行了书面答复。

行政复议机关认为，申请人虽然选择申请政府信息公开的形式获取信息，但根据《政府信息公开条例》第二条的规定，申请人的申请事项不属于政府信息范畴，而是对有关标准适用问题的咨询，被申请人进行研究并与申请人沟通后，对申请事项作出了书面答复，已经履行了法定职责，因此，作出了驳回申请人行政复议申请的决定。

焦点问题评析

本案争议的焦点是：申请人申请公开的信息是否属于政府信息范围。

《政府信息公开条例》第二条规定："本条例所称政府信息，是指行政机关在履行职责过程中制作或者获取的，以一定形式记录、保存的信息。"我们认为，尽管《政府信息公开条例》对政府信息的界定较为宽泛，但根据"以一定形式记录、保存的信息"的规定，行政机关向申请人提供的政府信息，应当是正式、准确、完整的，而且是现有的，一般不需要行政机关汇总、加工或者重新创作。换言之，行政机关只提供已经存在的信息，并不承担应申请而制作相关信息的义务。本案中，申请人要求被申请人就如何适用不同的标准作出答复，被申请人需要在掌握材料的基础上对相关信息进行汇总、甄别、分析，从而得出结论并告知申请人。因此，申请人申请公开的事项并不属于政府信息的范围，其本质上是一般咨询事项，不属于《政府信息公开条例》调整范围，对此类咨询事项的答复不应按照政府信息公开的期限来要求。被申请人进行研究并与申请人沟通后，对申请事项作出了书面答复，已经履行了法定职责，因此，行政复议机关依法驳回了申请人的行政复议申请。当然，从形式上讲，申请人是以政府信息公开申请表的形式提出的咨询，所以，最稳妥的做法是在 15 日内向其说明其申请属于咨询事项，避免可能存在的程序瑕疵。

办案体会

《政府信息公开条例》实施以来，涉及政府信息公开的行政复议案件数量显著增加，而相关条文规定又较为原则，因此判断申请事项是否属于政府信息成为首要问题。从办案实践来看，虽然实际情况千差万别，但还是有原则可循：一是要准确把握立法原意；二是要平衡好行政成本与公民权益的关系。《政府信息公开条例》第一次将信息公开规定为行政机关的法定义务，公民的知情权得到了法律保障。但是行政机关掌握的信息涉及领域广、内容多，如果全部予以公开，会给行政机关施加过重负担，增加行政运行成本，既无必要也不现实。因此，要在维护公民权益和减少行政成本之间寻找平衡，将一般咨询事项等排除在政府信息范围之外，同时要畅通网络、电子信息屏等信息公开渠道，提高信息公开工作效率，既便于公民获取相关信息，也有利于行政机关减少工作负荷；三是要及时沟通有效化解矛盾。政府信息公开申请人较为重视知情权，行政机关办理政府信息公开过程中应当加强与申请人的沟通协调。对不属于政府信息的申请事项，要予以解释说明并通过其他途径办理；对属于政府信息的申请事项，要在法律允许的范围内及时告知相关信息，避免申请人依靠行政救济渠道"倒逼"政府信息公开。

（农业部政策法规司提供）

正确界定政府信息公开类案件的实质争议

——王某不服某省工商行政管理局
　　信息公开答复案

基本案情

申请人：王某

被申请人：某省工商行政管理局

申请人对被申请人作出的《政府信息公开答复书》（以下简称《答复》）不服，向国家工商行政管理总局申请行政复议。

申请人认为，一是申请人于 2010 年 7 月 13 日就被申请人此前对其他案件（该案被申请人为某市工商行政管理局）所作的《行政复议决定书》提出政府信息公开申请，被申请人于 2010 年 8 月 8 日寄出《答复》，超过了法定期限；二是《答复》中所列信息均不是某市工商行政管理局在行政复议过程中依法应当提交的证据、依据，也不是申请人申请公开的信息。《答复》的内容实际上确认了某市工商行政管理局在行政复议过程中未依法提交作出具体行政行为的证据、依据。如果申请人申请公开的信息不存在，被申请人应当告知申请人并撤销其作出的《行政复议决定书》。

被申请人认为，一是被申请人于 2010 年 7 月 15 日收到申请人提交的《政府信息公开申请书》，于 2010 年 7 月 28 日作出《答复》，随后以挂号信的方式邮寄送达申请人，履行了政府信息公开职责；二是申请人就被申请人作出的《行政复议决定书》申请政府信息公开，因其申请获取的信息内容不明确，被申请人在《答复》中告知其在履行行政复议职责过程中制作、获取的全部信息，并告知申请人如欲获取上述信息可向制作信息的行政机关或者获取、保存信息的行政机关申请，也可以来被申请人处查阅，并无不当。

行政复议机关认为，被申请人作出答复的程序和答复内容均符合《政府信息公开条例》的相关规定，并维持了被申请人的具体行政行为。

焦点问题评析

一、如何认定政府信息公开答复时间

本案涉及的争议问题是：《政府信息公开条例》第二十四条规定，行政机关收到政府信息公开申请，不能当场答复的，应当自收到申请之日起 15 个工作日内予以答复。如何认定该条规定中的"予以答复"的时间？

本案中，被申请人收到政府信息公开申请的日期是 2010 年 7 月 15日，作出《答复》的日期是 2010 年 7 月 28 日，寄出该《答复》的日期是 2010 年 8 月 8 日。那么，应当将哪个日期视为"予以答复"的日期呢？对这一问题实践中存在着不同理解。第一种观点认为，应当同其他法律规定中的"作出"作同一解释（如《行政复议法》规定，行政复议机关应当自受理申请之日起 60 日内"作出"行政复议决定），书面答复文书发生效力之日即可视为"予以答复"；第二种观点认为，行政机关寄出书面答复之日视为"予以答复"；第三种观点认为，答复到达当事人之日才能视为"予以答复"。对此，由于我国法律法规没有统一的规定，致使实践中把握的尺度和做法不一。实践中，认为书面答复文书发生效力之日可视为"予以答复"的观点比较多，这是因为行政机关的文件流转需要一个过程，尤其是文书送达可能涉及不同的部门，政府信息公开工作的具体办案人员往往难以掌握，这一做法比较符合行政管理实际。但是，从促进行政机关严格依法行政的角度来说，应当坚持第二种观点，因为对于相对人来说，行政行为只有送达才能生效，而一般来说，在邮寄送达的情形下，答复一经寄出即视为依法送达，因为送达不包括在途时间。因此，行政机关应当加强和规范法律文书的送达，尽量在作出答复之后及时送达当事人，避免产生不必要的纠纷。

二、如何处理以政府信息公开形式对行政处理决定提出异议的申请

《政府信息公开条例》出台后，有的申请人以政府信息公开为名，要求公开复议案件处理、信访案件处理等过程中的信息，而实际上是对复议决定、信访答复等提出异议；在行政机关作出政府信息公开答复后，又针对答复申请行政复议，在行政复议机关作出行政复议决定后，又对该行政复议决定提出政府信息公开申请，要求公开行政复议的依据，从而形成循环往复，与本案相关的一系列案件即是一个典型。

对于此类案件，存在两种不同意见。一种意见认为，此类政府信息公开申请只要符合《政府信息公开条例》规定的形式要件，就应当受理并作出答复；申请人对该答复不服提出的行政复议，只要符合行政复议申请的形式要件，行政复议机关也应当受理并作出决定；另一种意见认为，这类案件实质上是借政府信息公开的形式，要求对行政复议的过程和结果进行再审查，已不符合政府信息公开制度的立法本意，对于这种循环提出的信息公开申请和行政复议申请，应当不予受理。我们认为，出现上述情况的原因是多方面的，比如，政府信息公开制度在申请条件、公开范围、公开方式等方面规定不尽明确，致使行政机关对一些不尽符合立法本意的申请也不得不受理；再比如，申请行政复议不需要缴纳费用，申请政府信息公开一般也无需缴纳费用或仅仅缴纳少量费用，这虽然体现了以人为本的价值取向，但也催生了少数人滥用政府信息公开申请权和行政复议权的现象，造成了行政资源的浪费，这些问题都有待进一步研究、完善。

从现行法律规定来看，这类对行政复议决定、信访答复等提出异议的政府信息公开申请，如果其申请内容明确表明是对行政复议决定、信访答复等提出异议，可以告知申请人该申请不属于政府信息公开调整的范围，并指明相应的救济渠道；如果其申请的内容不明确，也可以根据《政府信息公开条例》第二十一条的规定，以申请内容不明确为由要求申请人进行补正。至于已就政府信息公开申请作出答复，而相对人不服提出的行政复议申请，我们认为，按照现行法律规定，行政机关仍需受理并作出决定。但要明确，在该类案件处理过程中，行

政复议审查对象是政府信息公开行为本身的合法性与合理性，不是信息内容中所体现的行政行为的合法性与合理性。

本案中，申请人实质是以政府信息公开的形式反映对行政复议决定的不同意见，应当通过提起行政诉讼的方式进行救济。据此，被申请人如果以申请人的请求不符合《政府信息公开条例》的规定为由，对申请人作出告知，更加符合《行政复议法》及《政府信息公开条例》的立法本意。

办案体会

一、深入了解案件背景，力争从根本上解决问题

很多政府信息公开行政复议案件背后都隐藏着其他诉求，存在着以政府信息公开推动其他案件处理的倾向。比如，本案的申请人以相同的形式同时、持续性地向各个级别的多个行政部门循环申请政府信息公开和行政复议，并向某省法院提起几百件相关的行政诉讼，其真实意图是希望借此影响法院对一起民事诉讼案件的审理，并待法院作出对其有利的判决后，以同样的方式达到推动该民事判决执行的目的。了解到该背景后，我们要求各级相关工商行政管理机关一方面按照法律规定处理政府信息公开申请和行政复议案件；另一方面在职责范围内积极配合法院等部门做好相关工作，推动问题从根本上解决。

二、注重沟通、调解，实现社会效果与法律效果的统一

在办理行政复议案件的过程中，要注重运用沟通、协商、调解等手段化解行政争议。比如本案中，办案人员就曾多次主动与申请人沟通联系，耐心细致地听取其意见，并在职权范围内，积极向申请人进行解释，告知其应当通过正常的司法途径解决问题，而不应当无休止地申请政府信息公开和行政复议，争取使申请人真正了解相关制度之间的关系。当然，在申请人由于民事诉求尚未实现而坚持不撤回行政复议申请的情况下，我们依法及时作出了行政复议决定。

三、通过个案促进工商行政管理机关整体执法水平的提高

行政复议机构的重要职责之一是通过行政复议案件发现下级行政

机关执法过程中存在的问题，不断促进下级机关执法水平的提高。因此，我们在纠正个案中违法或不当行为的同时，不局限于就案办案，而是着眼于通过个案规范某个地区或者某个领域内的行政执法，以求在更大范围内保护申请人的合法权益。在本案中，虽然从法律程序上看，某省工商行政管理机关作出《答复》的期限并未违反法律规定，但其寄出该《答复》的时间确实和其作出《答复》的日期间隔较长，以至于引起申请人异议。因此，我们在处理该案的过程中，及时与该省工商行政管理局沟通，要求其在今后办理政府信息公开申请的过程中，严格遵守答复期限，并在政府信息公开答复作出后及时送达申请人，以提高答复效率，避免和减少不必要的争议。

（国家工商行政管理总局法规司提供）

32　土地确权决定不应规避当事人的具体请求事项

——某市肉联厂不服某市人民政府
　土地确权决定案

基本案情

申请人：某市肉联厂

被申请人：某市人民政府

第三人：某村民委员会

某村民委员会以某市肉联厂于 1967 年建厂时，未办理征地手续，无偿占用了其土地 35 亩，双方为此争议多年，时至今日申请人不能提供土地权属来源证明为由，于 2009 年 6 月 9 日向某市人民政府提出土地确权申请，请求确认争议的 35 亩土地归其所有。某市人民政府于同年 12 月 10 日作出《土地权属争议案件行政决定书》（以下简称《权属决定》），认为某市肉联厂不能提供争议土地已归其所有的有效证据，鉴于其已对争议土地长期占用且已有建筑，让其归还已不现实，决定每亩按两万元补偿，共付第三人 66.2 万元，钱款付清后，争议土地的使用权归某市肉联厂。某市肉联厂对该《权属决定》不服，依法向省人民政府申请行政复议。

申请人认为，申请人自成立至今所占用、使用的百余亩土地权属清楚，数十年从无争议，但被申请人却规避申请人的权属争议请求，违法分配举证责任，违背《确定土地所有权和使用权的若干规定》，让申请人承担补偿责任，以"付清补偿款"为确定权属的条件，无事实和法律依据。请求撤销《权属决定》，确认争议土地归申请人使用。

被申请人认为，受理确权申请后，按规定程序进行了调查，在双方不同意调解的情况下，根据《土地管理法》第十六条、《土地权属

134

争议调查处理办法》第三条之规定作出《权属决定》，程序合法，事实清楚，适用法律正确。

第三人认为，申请人与第三人就该案土地的归属纠纷已多年，被申请人的确权决定正确，决定中裁定给第三人补偿也符合实际。请求行政复议机关维持《权属决定》，驳回申请人的行政复议申请。

行政复议机关认为，被申请人作为土地权属争议的法定确权机关，应当依据争议双方提交的相关证据材料，按照《土地权属争议调查处理办法》规定的程序、方式、方法进行处理，并根据《确定土地所有权和使用权的若干规定》对争议土地所有权或使用权的归属作出明确决定。被申请人作出的《权属决定》，没有对争议土地性质、权属、位置作出明确界定，而是以"按每亩两万元，共计补偿第三人66.2万元，钱款付清后争议土地使用权归申请人所有"为先决条件进行确权，属超越职权行为，且认定事实不清，适用法律错误，故作出撤销被申请人作出的《权属决定》的行政复议决定。

焦点问题评析

本案争议的焦点是，被申请人作出的《权属决定》是否规避了当事人的具体处理请求事项？

国土资源部《土地权属争议调查处理办法》第二条规定："本办法所称土地权属争议，是指土地所有权或使用权归属争议。"《土地管理法》第十六条第一款规定："土地所有权和使用权争议，由当事人协商解决；协商不成的，由人民政府处理。"土地权属确权，是指人民政府根据申请人的申请，依照法定的权限和程序对当事人之间争议的土地性质、归属作出确认处理的具体行政行为，其特征有四：一是土地确权属人民政府专属管辖，是政府的一项法定职权；二是土地确权是依申请的行为；三是确权的内容是对争议土地的性质、归属作出确认；四是确权决定并不具有最终的法律效力，当事人可以依法提出行政复议，除《行政复议法》第三十条第二款规定的情况外，当事人对行政争议不服的还可向人民法院提起行政诉讼。

土地权属争议，实质上是平等主体之间的民事争议，人民政府的确权行为实际上是政府根据法律的授权居间对民事争议进行裁决的行为，是一种准司法行为。国土资源部《土地权属争议调查处理办法》第十条规定："申请调查处理土地权属争议的，应当符合下列条件：（一）申请人与争议土地有直接利害关系；（二）有明确的请求处理对象，具体的处理请求和事实根据"；第十九条规定："土地权属争议双方当事人对各自提出的事实和理由负有举证责任"。作为裁决机关的人民政府，应当紧紧围绕双方当事人权属争议的焦点和申请人提出的具体处理请求事项，依据当事人的举证情况查清事实，分清权属关系，依法进行调解或作出处理决定。本案第三人申请确权的具体事项是"依法确认某市肉联厂占用的土地中的 35 亩土地归其所有"。而被申请人所作出的确权决定是："每亩按两万元补偿，共付第三人 66.2 万元，钱款付清后，争议土地的使用权归肉联厂"。此案的性质由确认之诉变成了给付之诉。行政复议机关以被申请人"没有对争议土地性质、权属、位置作出明确界定"为由，撤销被申请人所作出的《权属决定》是正确的。

办案体会

一、认真审查、严格把关，提升行政复议公信力

根据《行政复议法》和《土地管理法》的规定，当事人对确权决定不服的，可以向作出确权决定的人民政府的上级政府提出行政复议申请。行政复议机关一定要秉公办案，对具体行政行为进行合法性和适当性审查，对违法或不当的行政行为该撤销的撤销，该变更的变更，才能真正发挥行政复议的功能和作用，提升行政复议的社会公信力，取得良好的法律和社会效果。

二、解决土地权属纠纷应加大调解、和解的力度

土地权属争议往往具有时间长、矛盾尖锐、成因复杂的特点，且历史遗留问题比较多，涉及当事人的重大权益，处理难度大。在实践中，经过行政调解、和解使争议双方当事人互谅互让，通过调解、和

解方式平息纠纷的也不乏其例。因此，人民政府在处理权属争议时，要充分利用各种社会资源和政治优势，立足于调解、和解方式结案，力争取得"定纷止争，案结事了"的效果。

（山西省人民政府法制办公室提供）

程序正义在行政复议案件审理中的运用

——莫某不服某县人力资源和社会
保障局工伤认定案

基本案情

申请人：莫某

被申请人：某县人力资源和社会保障局

周某（系莫某之夫）系该县某塑料厂职工，2010 年 3 月 8 日上午 11 时许，在上班喷漆作业时不慎滑倒，头部摔在钢板上后掉入工厂的废水池中。之后，周某感到身体非常不适，便请假在家休息。2010 年 3 月 9 日下午，周某突然发病，经抢救无效，于 18 时 20 分死亡。某县人民医院的死亡医学证明结论为猝死。被申请人于 2010 年 6 月 21 日作出了工伤认定决定，出具了《不予认定工伤决定书》。申请人不服，向县人民政府申请行政复议。

申请人认为，周某的突然死亡是因在工作时间于工作岗位上受伤所致，且其死亡未超过法律规定的 48 小时，应认定为工伤。

被申请人认为，县人民医院死亡医学证明结论为猝死，证明周某不是在工作时间和工作岗位突发疾病死亡或是在 48 小时之内经抢救无效死亡。此外，也没有证据证明周某摔到废水池中是否受伤，无证据显示周某的死亡是因掉入废水池中所致。因此，其作出的工伤认定决定事实清楚，理由充分，程序合法，请求县人民政府予以维持。

行政复议机关认为，被申请人于 2010 年 3 月 25 日受理了对周某的工伤认定申请后，于 2010 年 6 月 21 日作出了工伤认定决定，工伤认定期限超出了原《工伤保险条例》第二十条及原《工伤认定办法》第十五条关于工伤认定期限的规定。据此，以违反法定程序为由，作出了撤销被申请人原具体行政行为，并责令其重新作出工伤认定的行政复议决定。

行政复议决定作出后，被申请人重新作出了工伤认定决定，将周某的死亡认定为工伤。之后，申请人领到了周某的死亡赔偿金。

焦点问题评析

该案最后以行政复议机关认定被申请人程序违法，撤销原工伤认定决定告终。处理结果看似简单，但在案件审理过程中涉及的两个重要问题却值得思考。

一、周某的死亡是否属于工伤

1. 从案件本身事实方面加以判定

被申请人认定周某的死亡不属于工伤，依据在于县人民医院将周某的死亡认定为"猝死"的医学证明结论。被申请人将"猝死"理解为纯粹的"突然死亡"，没有任何前兆，也没有任何的先导原因，是工作缘由之外的死亡。而行政复议机关认为，"猝死"只是对死者死亡这一事实的终局性表述，也就是说，周某的"猝死"仅仅只是一个结果。有果必有因。可以想见，如果周某在当天没有发生事故，定然不会顿感身体不适，无法继续作业而选择请假卧床在家，最后在病情毫无好转的情况下猝发死亡。从前后事件的关联性可以得出一个合乎常理、符合正常逻辑思维的推断，即周某的猝死是由于周某在上班期间不慎跌倒，头部被撞击后掉入废水池中所致。

2. 从举证责任分配原则方面加以判定

在案件审理中，被申请人还提出，要对周某认定工伤，必须要有相应的证据来加以佐证，没有证据则无从认定，而周某在上班期间发生事故后，并没有到医院进行检查。因此，没有任何证据证明周某在发生事故后确实受到了伤害，并最终导致了其死亡，不能将周某的最终死亡和上班时发生的事故联系在一起。针对被申请人的答辩，行政复议机关认为，根据行政复议举证责任倒置的原则，应当由被申请人证明其行为正当性，在其无法充分证明行为正当性时，应当承担败诉的后果。在本案中，被申请人认定周某的死亡不是工伤，就应当出具周某的死亡不是工伤的证据。而被申请人除了医院的死亡医学证明外，无任何其他相关证据。而医院的医学证明，其所载明的内容显然无法达到证明周某的死亡不是工伤的效果。据此，应当推定周某的死亡属于工伤。

综合上述分析，行政复议机关认为，周某的死亡符合原《工伤保险条例》第十四条第一款第一项之规定："在工作时间和工作场所内，因工作原因受到事故伤害的"。

二、程序和实体层面皆存在瑕疵时应当如何处理

一方面，在案件实体和程序方面都存在问题的情况下，从程序问题入手对案件进行处理并不妨碍对实体错误的纠正。《行政复议法》第二十八条规定，违反法定程序的，决定撤销、变更或者确认该具体行政行为违法；决定撤销或者确认该具体行政行为违法的，可以责令被申请人在一定期限内重新作出具体行政行为。同时又规定，被申请人不得以同一的事实和理由作出与原具体行政行为相同或者基本相同的具体行政行为。据此，在原具体行政行为程序和实体皆存在瑕疵时，行政复议机关以程序违法为由将原具体行政行为撤销并责令重作，被申请人如无新的事实和理由，只能作出和原具体行政行为内容和效果相对的新行为。这与行政复议机关直接从实体方面将原具体行政行为撤销所引起的后续效果并无不同。需要说明的是，上述论证建立在原具体行政行为具有可重作性且有重作的意义基础之上，如原具体行政行为已不具有可重作性或者重作已无意义，则将原具体行政行为直接撤销或确认违法即可。

另一方面，"先程序、后实体"是现代法治的一项重要法则，而在我国的司法体系及行政执法实践中，不少行政机关存在着重实体、轻程序的问题，有的甚至将程序视作可有可无的形式主义束之高阁。因此，在处理此类案件时，有意识地选择从程序层面入手对案件进行处理，可以最大限度地树立和强化行政机关及其人员的程序意识。

办案体会

一、实地调查的重要性

行政复议案件采用以书面审查为主的审理方式，但在一些疑难案

件中，进行必要的实地调查走访，能够更为直接地了解案件原委，并在行政复议机关、申请人和被申请人之间达成一种"平衡状态"，加速案件审理，提高行政复议效率。本案中，行政复议机关赴塑料厂进行实地调查，对周某的工作事故进行了现场询问取证，掌握了案件第一手原始证据材料。后又组织了案件审理工作会，面对面听取了被申请人的陈述，对案件相关问题进行了商榷和指正，使双方对原具体行政行为都有了比较清晰的认识和判断，助推了行政复议决定的及早出炉。

二、程序合法的重要性

美国大法官杰克逊曾经说过："程序的公平性和稳定性是自由的不可或缺的要素。"程序正义，是维护社会公正的最后一道屏障，它使一定程度的形式合理性或形式正义得以实现，有助于提高社会运行效率和保障社会秩序。可以说，没有程序的合法性，就不会有实体处理的合法性，从某种程度上来讲，程序正当的重要性要大于实体处理的重要性。具体到行政执法实践中，程序正当的重要性就更显突出。在实践中，有的行政机关作出一个行政行为，在实体处理结果上正确无误、无懈可击，但却因为程序上存在违法的情况，在进入纠纷解决程序后，最后该行为被撤销或确认违法。这样的结果，使得行政机关的社会服务管理职能得不到实现，反而耗费了大量的行政资源，大大降低了行政效率，同时也给相对人权益造成了不必要的损害。这样的案例在现实中不在少数。对此，应进一步强化行政机关的程序意识，牢固树立程序正当主义，做到将程序合法原则贯穿行政始终。

（重庆市潼南县人民政府法制办公室提供）

第六编　行政复议证据

34 全面了解事实，准确作出行政处理决定

——某服饰公司不服区规划和土地管理局限期拆除违法建筑决定案

基本案情

申请人：某服饰公司

被申请人：某区规划和土地管理局

申请人不服被申请人对其房屋的车库加层作出的限期拆除违法建筑决定书以及强制拆除行为，向行政复议机关申请行政复议。

申请人认为，被申请人所认定并拆除的申请人名下的车库加层并非属于违章建筑，该建筑房地产权证上标明了该处建筑物的二层，并且在《上海市建设工程竣工规划验收测量成果报告书》中标明该楼二层为申请人拥有，能证明其合法性。申请人拥有房屋产权证等证明材料，被申请人的具体行政行为违法，请求行政复议机关撤销被申请人作出的限期拆除违法建筑决定书并恢复已拆除房屋原状。

被申请人认为，申请人擅自在原来的车库上加建了第二层，而车库在相应建设工程规划许可证中仅批准为一层。申请人的行为违反了《上海市城市规划条例》* 第三十七条和《上海市拆除违法建筑若干规定》第八条的规定，因此该加层属违法建筑，被申请人请求行政复议

---

* 本法规已被《上海市城乡规划条例》废止。——编者注

142

机关维持其作出的具体行政行为。

行政复议机关认为，本案所涉被强制拆除的加层建筑物，既不符合原定规划，后来也未经规划竣工验收。根据《上海市城市规划条例》第三十七条的规定，各项建设工程必须符合城市规划和城市规划管理技术规定，建设单位或者个人必须按照规定申请建设工程规划许可证。本案中，该车库加层属未经规划部门批准并经规划竣工验收而擅自搭建的构筑物。同时，行政复议机关注意到，该车库加层已属于房地产权证的登记范围，赋予了其合法的形式。被申请人在未查明案件事实的情况下即向申请人作出《限期拆除违法建筑决定书》并拆除相关建筑的具体行政行为，属主要事实不清，证据不足。因此，行政复议机关认定被申请人作出的限期拆除违法建筑决定书违法。

焦点问题评析

本案中，该房屋车库加层为申请人对其房屋进行改造时建造，既不符合原有既定规划，后来也并未获得规划竣工许可，根据《上海市城市规划条例》第三十七条的规定，应属于违法建筑。但是，申请人持有的《上海市房地产权证》上明确涵盖了本案争议之车库（含加层），申请人对于该车库（含加层）享有相应土地使用权以及房屋所有权。因此，本案的焦点问题是：在未查明相对人持有的房地产权属证明的情形下，主管行政机关能否直接认定该建筑物为违法建筑并予以强制拆除。

由于行政复议申请人已经获准登记并获得不动产权属证书，根据《物权法》第十七条的规定，不动产权属证书是权利人享有该不动产物权的证明。因此，在该登记及权属证书的有效存续期内，本案争议标的的房地产权利受到《物权法》的保护，在未经法定程序且具备实质性违法违规情形而对其予以注销的情形下，任何单位和个人对该物权人的权益应该予以尊重。被申请人未查明上述建筑物权属情况，即根据《上海市城市规划条例》作出《限期拆除违法建筑决定书》并予以强制拆除，属主要事实不清，行政复议机关作出了相应纠正。

办案体会

一、调查工作要深入

由于本案案情复杂，时间跨度长（相关历史问题前后达 10 年），涉及行政机构较多，其中部分行政机构已撤并。在案件审理过程中，行政复议机构做了大量的基础工作，办案人员走访并听取了相关单位对该案情况的介绍，到区档案局、区房管局等部门实地查看并查阅了有关历史资料，与本案行政复议申请人和被申请人分别进行了座谈与交流，在汇集了各方信息的基础上，行政复议机构工作人员对该案涉及的问题进行了深入的分析与研究。通过细致深入的调查工作，行政复议机构对案件事实有了全面的了解，为本案的办理打下了坚实的基础。

二、法律思辨要明晰

在全面掌握了案件事实之后，行政复议机构认真研究案件中的法律问题。本案被申请人认为申请人的房屋违反国家规划方面的法律和地方法规，实为违法建筑；申请人则认为自己的房屋有合法产权，理应得到法律保护。针对双方迥异的观点和立场，作为行政复议机构没有先入为主，更没有偏袒行政机关，而是开放性地思考和处理法律与法律、法律与法规、法律原则与法律规范之间的矛盾与冲突，利用特定的法律规定解决本案中的法律问题。

三、善后工作要扎实

在案件办结后，行政复议机构并没有一办了事，而是继续跟踪落实案件的后续问题和情况。行政复议机构把案件的办理情况写成报告向上级部门及领导作了汇报，对该案的一些后续问题，比如违法建筑所涉及的房地产权证是否应予注销，行政机关具体行政行为被确认违法后是否应予赔偿等问题，行政复议机构都提出了合理、科学的法律论证方案。对于相关行政部门，行政复议机构认真进行了沟通，提出了拆违实施部门应进一步细化拆违工作、政府规划管理部门应加强建筑规划的监督工作、房屋登记管理部门应加强房屋登记管理的规范化工作等几点建议，具有很强的针对性，对政府机构及部门加强工作的规范化，严格相关工作程序和流程，杜绝类似事件的再次发生起到积极作用。

（上海市松江区人民政府法制办公室提供）

35 查清事实是正确处理案件的前提

——郭某不服某市人力资源和社会
保障局工伤认定案

基本案情

申请人：郭某

被申请人：某市人力资源和社会保障局

第三人：某汽车贸易有限公司

申请人不服被申请人作出的《工伤认定决定书》，向行政复议机关申请行政复议。

申请人认为，其在第三人公司负责配件管理工作，2010 年 4 月 13 日与同部门员工范某一起给客户抬汽车前钢板时腰部受伤，经医院诊断为腰椎间盘突出症并进行了手术治疗。其所受的伤害应当依法认定为工伤。

被申请人认为，申请人无法证明自己因抬钢板扭伤腰部的事实，其受伤情形不符合《工伤保险条例》规定的条件，故认定申请人受伤不属于工伤。

行政复议机关认为，被申请人作出的《工伤认定决定书》认定主要事实不清、证据不足。2011 年 2 月 21 日，行政复议机关撤销了被申请人作出的《工伤认定决定书》，并责令被申请人重新作出具体行政行为。2011 年 4 月 2 日，被申请人作出《工伤认定决定书》，仍认定申请人所受伤害不属于工伤。申请人不服再次提出行政复议申请。行政复议机关依法受理后，为彻底解决矛盾，在充分尊重事实、反复做当事人思想工作的基础上，召开协调会，使双方当事人最终达成调解协议，申请人撤回了行政复议申请。

焦点问题评析

本案的焦点问题是：是否有足够的证据证明申请人因抬钢板而受伤。

第一次申请行政复议时，申请人提供的证据材料中，证人表述为"听说"和"好像"等字眼，不能证明申请人当天抬钢板受伤的事实；被申请人提供的证据材料中，证人表述为"想不起来"和"可能"等字眼，仍然不能证明申请人当天抬钢板受伤的事实。通过审查申请人和被申请人双方提供的证据材料，没有一份证据能够直接证明申请人因为抬钢板引发腰椎间盘突出症。在无法准确认定事实的情况下，根据《工伤保险条例》中"职工或者其近亲属认为是工伤，用人单位不认为是工伤的，由用人单位承担举证责任"的规定，行政复议机关以"认定主要事实不清、证据不足"为由撤销了被申请人作出的《工伤认定决定书》，责令被申请人重新作出具体行政行为。随后，被申请人再次作出《工伤认定决定书》，不予认定为工伤。从被申请人提供的材料看，被申请人虽然做了进一步调查，但是仍然不能证明申请人因为抬钢板引发腰椎间盘突出症。

在这种情况下，办案人员为了进一步查明案情，归纳了本案的4个证明重点：1. 2010年4月13日，公司所有销售货物的原始出库单中是否有销售钢板的事实；2. 2010年4月、5月申请人的原始考勤表，即受伤后的情况；3. 向直接证人范某、祁某调查了解申请人2010年4月13日是否抬钢板？如果抬了，抬完后的身体状况；4. 向总经理了解申请人的工作情况，在受伤前后申请人岗位调整的原因等。

在确定了调查重点后，办案人员直接到公司了解情况，查明：公司4月13日所有销售货物的原始出库单中没有销售钢板的记录（为了保证销售记录的准确性和真实性，办案人员验证了销售出库软件系统，为固定不能随意更改的系统模式）；2010年4月、5月申请人的原始考勤表为全勤，系正常上班；公司的部分员工均不知道申请人受伤住院；申请人为此事到公司大闹了几次等情况。

从调查了解的情况可以得出，申请人并没有因 2010 年 4 月 13 日抬钢板引发腰椎间盘突出症，申请人不构成工伤。案件事实查清后，当事人双方经行政复议机关协调达成了和解，长达一年之久的工伤纠纷最终画上了圆满的句号。

办案体会

一是重事实重依据。处理案件一定要查清事实，绝不忽视每一个细节。只要和案件有关的问题一定要反复论证、反复核实，注重原始证据，掌握第一手的资料。本案如果没有经过仔细的查证和核实，准确掌握申请人在公司的真实情况，找出维持工伤认定的充分依据，申请人就可能不会信服。

二是原则性和灵活性相结合。从掌握的证据材料来看，申请人所患腰椎间盘突出症不构成工伤。但是如果简单作出维持决定，申请人很可能继续诉讼，其与企业之间的纷争也难以彻底解决。

三是以人为本，平衡利益。在本案中，公司是用工方，更多会考虑大局，而申请人是劳动者，需要工作来维持生活。只有找准双方利益的平衡点，才能建立调解的基础，最终达成调解协议。

（宁夏回族自治区人力资源和社会保障厅提供）

36

证据规则在工伤认定案件中的运用

——徐某不服某市劳动和社会
保障局工伤决定案

基本案情

申请人：徐某

被申请人：某市劳动和社会保障局

第三人：某装饰材料商店

申请人为第三人商店取货员，受单位指派到某货站取货。因该货站业务繁忙，货站业主示意申请人自己到货车上取货，申请人在货车上卸货时不慎从货车上坠落摔伤。根据申请人提出的工伤认定申请，被申请人作出了《不予认定工伤决定书》。申请人对被申请人作出的《不予认定工伤决定书》不服，向行政复议机关申请行政复议。

申请人认为，其到货站取货是受单位领导指派，应当属于在履行工作职责过程中受到的事故伤害，并未超出工作范围，完全符合《工伤保险条例》第十四条规定的工伤认定条件。

被申请人认为，经调查，第三人商店取货员到货站取货时，全部是由其货站卸车人员将货物统一卸车，而取货人员只在货站拉取货物，不需要上车卸货。申请人所受伤害，已超出其工作范围，其受伤情形不属于《工伤保险条例》第十四条规定的应予认定工伤的情形范围，不能认定为工伤。

行政复议机关认为，本案申请人是受单位指派在货站取货过程中受到的事故伤害，并没有充分证据证明其所受事故伤害不符合《工伤保险条例》第十四条的规定。被申请人以申请人所受伤害超出其工作范围为由，认定申请人不符合《工伤保险条例》第十四条的规定，认定主要事实不清，证据不足，并作出了撤销的行政复议决定。

焦点问题评析

本案的焦点问题是：申请人所受事故伤害不符合《工伤保险条例》第十四条规定的认定结论是否成立。

一、工伤认定部门在行政程序中所收集的证据能否证实申请人的行为不符合《工伤保险条例》第十四条的规定

根据劳动部门在工伤认定期间所调取的证据显示，申请人受伤原因是到货站取货所致，申请人当天到某货站取货，所在单位亦是知道的；劳动部门据以认定申请人不属于工伤主要基于企业出具的内部规章制度及通过对申请人的工友及申请人所在商店业主调取的关于"取货员不需要上车取货"的证言。根据《工伤保险条例》第十九条第二款的规定："职工或者其直系亲属认为是工伤，用人单位不认为是工伤的，由用人单位承担举证责任。"就本案申请人的受伤经过来看，除非第三人有证据能够证实申请人所受事故伤害不是为了本单位工作所致，例如申请人是为某货站卸货即所谓的"干私活"，或者是能够证实申请人所卸货物不是单位指派其所取的货物。否则在申请人工伤认定问题上，只能认定申请人所受事故伤害不符合《工伤保险条例》第十四条规定的结论证据不足。由于第三人在工伤认定期间未能举出证明申请人不符合工伤认定条件的有效证据，加之，劳动部门向行政复议机关所提交的证据中亦没有能够证明申请人所受事故伤害不符合《工伤保险条例》第十四条规定或者是有《工伤保险条例》所规定的三种不得认定为工伤的情形的直接证据。因此，劳动部门所调取的证据证明不了所作工伤认定结论的正确性和合理性，该工伤认定决定依法应予撤销。

二、是否超出工作范围不能以是否违反企业规章制度为标准

本案经行政复议后进入到行政诉讼，在行政诉讼中用人单位一方提出：企业有明文的规章制度，不允许送货员上车取货，申请人上车取货的行为违反了企业的规章制度，超出其职责范围，劳动部门认定其不属于工伤是正确的。该观点于法无据，与《工伤保险条例》的规

150

定精神相悖。根据《工伤保险条例》的规定，工伤认定实行无过错原则。在排除《工伤保险条例》第十六条所规定的三种，即"故意犯罪、醉酒或者吸毒、自残或自杀"不得认定为工伤情形外，只要劳动者是因工作原因，在工作时间、工作地点受到事故伤害，无论其主观是否有过错，均不影响工伤的认定。因此认定工伤与非工伤不以是否违反企业规章制度（是否上车卸货）作为判断标准，亦不是本案在认定申请人是否属于工伤问题上需要考虑的问题。纵观全案，按照劳动部门查明的事实：申请人在事发当天受单位指派到货站取货，最后因上车取货摔伤，导致事故伤害。劳动部门以申请人超出工作范围为由，认定其不符合《工伤保险条例》第十四条的规定，所作结论显属认定事实不清，证据不足。

办案体会

一、把握案件事实，正确理解法律、法规，才能找准办案方向

对法律法规的正确理解和正确适用，对于能否作出正确的办案结论有直接影响。本案的关键在于劳动部门认定申请人所受事故伤害不符合《工伤保险条例》第十四条的规定，不予认定为工伤的结论是否正确。在实际办案中办案人员应当围绕《工伤保险条例》中规定的工伤认定条件展开调查。既要看被申请人认定不属于工伤的证据是否充分，也要看属于工伤的证据是否完备。不能按照劳动部门及用人单位提出的"职工违反企业规章制度、超出工作范围"的思路进行案件审查。办案人员应当掌握案件审查主动权，把握案件审查的正确方向，引导被申请人和第三人围绕案件焦点问题进行举证，避免进入案情死角，偏离案件审查主线。

二、找准案件审查角度，才能作出正确结论

从案件审查的角度，行政复议机关只需要从行政机关提供的全部证明材料入手，审查其全部证明材料能否认定所作具体行政行为的合法性、合理性即可，无需对其所作具体行政行为的认定结论对错与否进行直接评判。就本案事实而言，申请人身为企业的一名取货员，其

主要的工作职责就是取回企业要求的货物。按照《工伤保险条例》规定的工伤认定条件，只要申请人是在为企业取货过程中（即工作原因）受到的事故伤害就应当认定为工伤。本案在行政复议审查期间，办案人员形成了两种不同的审查意见。一种意见认为，既然申请人所受事故伤害是受单位指派到货站取货，因取货导致的，应当属于工伤，由此应当直接认定被申请人所作工伤认定结论错误；另一种意见认为，劳动部门在工伤认定过程中调取的证据材料，无法推导出申请人不符合工伤认定条件的认定结论，因为劳动部门调取的证据中缺乏某货站相关人员的证明，以证实申请人当天上车所卸货物确实为第三人所要的货物，不排除申请人有"干私活"（即替某货站卸货）的可能性，因此不宜直接认定申请人所受事故伤害属于工伤，应当认定劳动部门所作决定主要事实不清，证据不足。第一种意见虽然是从保护劳动者的权益出发的一种现实考虑，但存在一定的问题：主要是没有法律依据，在此类案件中行政复议机关不能直接代替行政机关作出行政行为，只能从案件审查的角度对行政机关作出的具体行政行为对错与否作出判断。为稳妥起见，行政复议机关最后采纳了第二种意见，在行政复议后的行政诉讼中，人民法院亦支持了行政复议机关的观点。

（黑龙江省牡丹江市人民政府法制办公室提供）

37

如何认定证据的证明效力

——孙某不服某市人口和计划生育局
征收社会抚养费决定案

基本案情

申请人：孙某

被申请人：某市人口和计划生育局

申请人因对被申请人作出的社会抚养费征收决定不服，向行政复议机关申请行政复议。

申请人认为，其于 1999 年 5 月与 A 村村民王某合法结婚，2000 年 12 月生育一胎女孩，女儿的户籍及居住地均为 A 村。申请人 2009 年 5 月生育二胎时，已达到生育二胎的法定年龄，且王某与申请人夫妻两人均为居住在农村的农村居民，符合生育二胎的有关规定。被申请人对其作出社会抚养费征收的决定，依法应当予以撤销。

被申请人认为，申请人虽然一直居住在 A 村，但不属于 A 村集体经济组织成员，A 村其他村民应享受的农村居民的待遇她没有享受，不属于农村居民。因此，申请人夫妇不适用《山东省人口与计划生育条例》关于农村居民的生育政策，不符合生育二胎的条件。被申请人作出的社会抚养费征收决定正确，应当予以维持。

行政复议机关认为，2004 年户籍制度改革前，申请人的户口性质为非农业户口，与 A 村村民王某结婚后，即居住在 A 村，并于 2004 年 3 月将户口迁入 A 村，符合农村集体经济组织成员的认定条件，依法享有土地承包权。根据有关法律规定，应当认定申请人为农村居民，适用农村居民生育政策。据此，行政复议机关依法撤销了被申请人作出的社会抚养费征收决定。

焦点问题评析

一、申请人是否为 A 村集体经济组织成员

《山东省人民政府办公厅转发省公安厅关于进一步深化户籍管理制度改革的意见的通知》（2004 年 8 月 12 日）指出，在全省范围内取消农业、非农业户口性质的划分，按照常住居住地登记户口的原则，统一登记为居民户口。公安机关对现有的农业、非农业户口登记资料保留 1 年的过渡期（截止到 2005 年 9 月底）。过渡期内，有关部门仍可以按原农业、非农业户口为依据实施有关政策。根据该规定，申请人的户口性质自 2004 年 8 月 12 日起，已变更为居民户口，对其实施的以非农业户口为依据的相关政策也只能截止到 2005 年 9 月底。同时，《山东省实施〈中华人民共和国农村土地承包法〉办法》（2004 年 10 月 1 日起施行）第六条规定："符合下列条件之一的本村常住人员，为本集体经济组织成员：……（二）与本村村民结婚且户口迁入本村的"。本案中，申请人于 1999 年 5 月与 A 村村民王某登记结婚后居住在 A 村，且于 2004 年 3 月将户口迁入了 A 村，申请人的情况符合上述第六条的规定，依法应承认其为 A 村集体经济组织成员。尽管申请人没有承包 A 村的土地，但并不影响对申请人为 A 村集体经济组织成员这一事实的认定。

二、申请人是城镇居民还是农村居民

《山东省人民政府办公厅转发省人口计生委关于在深化户籍管理制度改革中做好人口和计划生育工作的意见的通知》（鲁政办发〔2005〕48 号）规定："农村居民是指长期在农村生活居住，户口依法登记在村民委员会，依法承包经营分配农村土地（包括田、土、山、水等）或不以投资为目的连续承包经营投标土地 5 年以上且没有转包，并且确实以农林牧渔业收入为主要生活来源的农村集体经济组织成员，适用省《条例》（指《山东省人口与计划生育条例》，下同）关于农村居民的生育政策。其他居民适用省《条例》关于城镇居民的生育政策。城镇居民到农村登记户口但是未达到上述农村居民条件的，不享受农

村居民的生育政策。农村居民在城镇登记常住户口成为城镇居民后，不再适用省《条例》中有关农村村民的生育政策。"同时规定："关于农村集体经济组织成员的界定应根据《山东省实施〈中华人民共和国农村土地承包法〉办法》第六条的规定……"。本案中，根据《山东省实施〈中华人民共和国农村土地承包法〉办法》第六条的规定，申请人为 A 村集体经济组织成员，其符合《山东省人民政府办公厅转发省人口计生委关于在深化户籍管理制度改革中做好人口和计划生育工作的意见的通知》关于农村居民的认定条件。因此，申请人应当是农村居民而非城镇居民。

办案体会

在行政执法过程中，对事实的认定以证据为依据这是不争的事实。但什么样的证据具有证明效力，却是由行政机关来判断和认定的。本案中，计划生育行政主管部门认定申请人为城镇居民，所依据的证据包括：一是 A 村村民委员会出具的证明，认为"申请人之夫王某及两人的女儿系该村村民，申请人自结婚以来即居住在 A 村，并于 2004 年 3 月将户口迁入该村，但申请人不是该村集体经济组织成员，不享受本村村民一切待遇"；二是 A 村所在镇计划生育办公室出具的关于王某为农业户口，申请人为非农业户口及两人婚姻、生育状况的证明；三是由公安部门核发的关于申请人的常住人口登记卡索引表和常住人口登记卡；四是计生部门对申请人、王某两人的询问笔录。在这四份证据中，首先看第二份证据，镇计划生育办公室是该市计划生育行政主管部门的业务下级，以市计划生育行政主管部门名义开展行政执法工作，因此由执法部门自己来证明需认定的事实，显然不妥，该证据不具有证明效力。其次看第四份证据，对当事人的询问笔录是当事人对有关事实进行认可的书面凭证，其证据效力相对较高。但在该案询问笔录中，执法人员在询问申请人的户口所在地、户口性质时，两人均回答是"非农业户口"。根据《山东省人民政府办公厅转发省公安厅关于进一步深化户籍管理制度改革的意见的通知》规定，自 2004 年

8月12日起，即在全省范围内取消了农业、非农业户口性质的划分，因此，即使在2009年的询问笔录中申请人认为自己是非农业户口，那也只能是"以前是"，而非现在。再者，并没有法律、法规、规章及规范性文件明确规定，户籍制度改革前为非农业户口的，户籍制度改革后即为城镇居民。因此第四份证据并不能证明申请人为城镇居民。再次看第一份证据，A村村民委员会为第三人，其出具的证明应具有较高的证据效力，但是其在证明申请人与村民王某结婚并在该村居住，且已将户口迁入该村的同时，证明申请人不是该村集体经济组织成员，明显违背《山东省实施〈中华人民共和国农村土地承包法〉办法》第六条的规定，应认定为无效证据。最后看第三份证据，由于公安部门已经进行了户籍管理制度改革，在公安部门为申请人核发的"常住人口登记卡索引表"中，户口性质一栏显示为"家庭户"，在户口簿"常住人口登记卡"中，申请人的"职业"一栏为"农民"，该证据也不能证明申请人是城镇居民。综上，计划生育行政主管部门认定申请人为城镇居民的结论证据不足，因此行政复议机关对被申请人据此作出的社会抚养费征收决定依法予以撤销。

（山东省平度市人民政府法制办公室提供）

38 对相互矛盾的证据如何认定

——姜某不服某区人力资源和社会
保障局工伤认定案

基本案情

申请人：姜某

被申请人：某区人力资源和社会保障局

第三人：某单位

申请人系第三人的员工，因对被申请人作出的工伤认定行为不服，向行政复议机关申请行政复议。

申请人认为，其系乘坐吴某驾驶的助动车从单位土加工车间到二金工车间去磨机床切削刀具时，发生单车事故导致自己受伤。因为单位工作人员调查有误，并要求其按照单位提交的证据来回答工伤部门的调查，导致工伤认定结论不符合事实真相，驾驶该车辆的并非其本人而是吴某，该工伤认定结论应予以撤销。

被申请人认为，申请人于 2009 年 12 月 1 日凌晨，骑轻骑摩托车带同事吴某从单位土加工车间到二金工车间去磨刀，途中不慎摔伤，单位为其申报工伤。主要证据：申请人陈述，事发时是他本人骑着自己的摩托车带着一个同事去磨刀具，当天骑的摩托车没有行车证，也没有牌照，他也没有摩托车驾驶证。单位《事故报告》记载，申请人骑轻骑摩托车从土加工车间到二金工车间去磨生产用的刀具，途中不慎摔倒在地。因此，申请人系无证驾驶无牌摩托车，根据《工伤保险条例》第十六条第一项的规定，不予认定申请人为工伤。请求行政复议机关维持认定结论。

行政复议机关认为，申请人在工伤认定调查中称自己无证驾驶无牌照摩托车导致事故发生，而在行政复议过程中又称是他人驾驶车辆，

157

自己只是坐在后座，两种说法明显矛盾。申请人作为成年人，具有相当的判断能力和辨识能力，其在工伤认定调查阶段的证言具有严肃性与可信性，而其在工伤部门出具不认定工伤的结论后，才改称自己并非车辆驾驶人员的说法，并无相应的直接证据证明。行政复议机构请吴某配合调查时，吴某表示其已经离开单位，不愿接受调查。其他相关证人证言均属于事后听说的传来证据，其证明力相对原始证据较弱。综上分析，被申请人作出不予认定工伤的认定结论并无不当，应予维持。行政复议机关经审理后作出维持的行政复议决定。申请人未向法院提起行政诉讼。

焦点问题评析

本案的争议焦点是：当事人及其他证人在工伤认定调查过程中向人力资源和社会保障行政部门陈述的事故发生经过与其在行政复议过程中所提供的证据存在矛盾时，人力资源和社会保障部门对证据效力如何认定？

一、在出现证据前后矛盾的情况下，行政复议机构应强调对证据的核实与调查，采信证明力更强的证据

证据的关联性、合法性和真实性三个基本特征，是证据可以被采纳的标准。但符合采纳标准的证据却未必可以被采信，要综合总体证据环境与证据间关联性、证明力进行判断。实践中，行政复议所涉及的证据种类主要有：书证、物证、视听资料、证人证言、当事人陈述、鉴定结论、勘验笔录和现场笔录等。根据证据受主观因素影响的程度，可以把证据大致分为客观性证据和主观性证据。按照这种分类，上述几种证据可以分别归为两类：物证，书证，鉴定结论，勘验、检查笔录，视听资料归为客观类；证人证言，当事人陈述归入主观类。主观类证据受到主观因素影响的程度较大，容易因当事人翻供而产生变化，而客观性证据只要证实其真实性后，一般不会发生证据内容改变的情况。

由于工伤案件具有其特殊性，通常发生在比较封闭的工作场地，

许多案件并无客观性证据佐证，而仅有主观性证据。如本案中申请人就是在厂区内道路上发生的事故，由于事故发生在凌晨3点左右，该厂区内也未安装监控设备，因此事故发生的经过并无客观性证据记录，仅能通过当事人陈述及证人证言等言词证据来进行判断。在这种情况下，行政复议机关在采信主观性证据时应该根据证据规则排除非法证据和孤立的证据，采信能够形成证据链的优势证据。

二、慎重采信行政复议过程中出现的"新证据"

行政复议法律法规并未对行政复议过程中的"新证据"作出相关规定。从最高人民法院《关于行政诉讼证据若干问题的规定》第五十二条来看，法律认可的行政诉讼中的"新证据"是指：1. 在一审程序中应当准予延期提供而未获准许的证据；2. 当事人在一审程序中依法申请调取而未获准许或者未取得，人民法院在第二审程序中调取的证据；3. 原告或者第三人提供的在举证期限届满后发现的证据。根据该条款，对于新证据的采信也有严格规定，允许当事人提供新的证据，必须是当事人对此前没有提供证据没有主观上的过错，是因为客观原因、法官的原因使之不能提供新证据。如果发现当事人没有及时提供证据是因为其自身过错或懈怠造成的，一般不能允许其提供新的证据。反观本案中的当事人和证人，申请人与证人均为成年人，应当具有相当的判断能力和辨识能力，其在工伤认定调查阶段的证言具有严肃性与可信性，而其在行政复议阶段推翻自己之前的供述，其重新形成的当事人陈述及证人证言的证明效力反而低于在工伤认定调查过程中所取得的原始证据。

办案体会

当事人在工伤认定调查过程中陈述的事故发生经过与其在行政复议过程中所提供的证据存在差异及矛盾之处。根据证据规则，人力资源和社会保障部门应如何采信当事人前后不同的陈述，对证据效力如何认定，值得探讨。

由于工伤认定关乎劳动者和用人单位双方的切身利益，也具有广泛的社会影响力，这就要求行政复议机关对待工伤类行政复议案件绝不能掉以轻心，必须实事求是，客观、全面、周密地审查证据。工伤认定调查部门如在当时能够更全面地取证，证明事发经过的主要证据能有更多的相关证据印证，则当事人即使翻供，行政机关也不会陷入被动局面。对于关键的口头证据最好在作笔录的同时，附用录音、录像手段，以多种形式记录证据，防止当事人受某些因素的影响而翻供。

（上海市人力资源和社会保障局提供）

正确采取证据先行登记保存措施

——王某不服某市统筹城乡一体化
委员会行政处罚决定案

基本案情

申请人：王某

被申请人：某市统筹城乡一体化委员会

申请人因不服被申请人作出的行政处罚决定，向行政复议机关申请行政复议。

申请人认为，被申请人对其进行行政处罚是错误的，理由如下：1. 被申请人强行罚款，强行扣留车辆没有法律依据；2. 即便是申请人所载货物有飘洒，也应该由交通警察根据《新疆维吾尔自治区实施〈中华人民共和国道路交通安全法〉办法》第七十六条第四款的规定，处以20元罚款，更何况申请人所载货物并没有发生飘洒。因此要求行政复议机关撤销被申请人对申请人作出的行政处罚决定。

被申请人认为，其作出的行政处罚决定，事实清楚、证据确凿、适用法律正确、程序合法。理由如下：1. 申请人提出对其进行强行罚款、强行扣留车辆是与事实不相符的。被申请人执法人员发现申请人的违法行为后向其出示了执法证件，并向其告知了其违法的事实，然后根据《行政处罚法》第三十七条第二款的规定依法对其车辆进行证据的先行登记保存，并不存在被申请人对其进行强行罚款、强行扣留车辆的事实；2. 申请人提出的对其进行行政处罚没有法律依据是不成立的。被申请人根据《城市市容和环境卫生管理条例》第十五条、第三十四条第一款、第六款和《新疆维吾尔自治区实施〈城市市容和环境卫生管理条例〉行政处罚办法》第五条第八款的规定依法对申请人进行处罚是正确的。

行政复议机关认为，《新疆维吾尔自治区实施〈城市市容和环境卫生管理条例〉行政处罚办法》第五条第八款规定："运输液体、散装货物不作密封、包扎、覆盖而造成泄漏、遗撒，机动车辆带泥在市区行驶污染城市道路的，处以 300 元以上 3000 元以下罚款。"但是被申请人提供的证据材料不足以证明申请人未对所载货物进行密封、包扎、覆盖并造成泄露、遗撒的违法事实，属于主要事实不清，证据不足。因此，行政复议机关撤销了被申请人的行政处罚决定。

焦点问题评析

一、本案被申请人采取证据先行登记保存措施是否合法

《行政处罚法》第三十七条规定："行政机关在收集证据时，可以采取抽样取证的方法；在证据可能灭失或者以后难以取得的情况下，经行政机关负责人批准，可以先行登记保存，并应当在七日内及时作出处理决定，在此期间，当事人或者有关人员不得销毁或者转移证据。"证据先行登记保存是行政执法机关在对立案工作进行调查过程中遇到特殊、紧急情况时所采取的一项证据保全措施，在实施时必须符合以下要件：1. 法定期间，即证据先行登记保存是行政执法人员履行了内部立案程序，在收集证据这一法定期间内采取的；2. 法定情形，即证据先行登记保存是行政执法人员收集证据时在证据可能灭失或者以后难以取得的法定情形下采取的；3. 法定权限，即批准采取证据先行登记保存的法定权限属于行政机关负责人，因此行政执法人员在采取证据先行登记保存之前，必须经行政机关负责人批准；4. 法定时限，即行政机关实施证据先行登记保存的法定时限只有 7 日，必须在 7 日内作出没收、解除登记保存等处理决定；5. 法定要求，即行政机关在证据先行登记保存期间，必须对登记保存的物品进行妥善保管，以保证物品的完整，当事人或者有关人员不得销毁或转移证据。本案被申请人采取证据先行登记保存的行为存在两个问题：一是被申请人实施证据先行登记保存的行为未经过行政机关负责人批准，违反了证

据先行登记保存的法定权限；二是不符合证据先行登记保存的法定情形。被申请人在认定申请人是否存在"运输液体、散装货物不作密封、包扎、覆盖而造成泄漏、遗撒"的违法行为时，完全可以通过询问笔录、证人证言、现场勘察笔录、现场照相等证据予以确定，但是其没有积极采用这种收集证据的方法。因此可以说，被申请人实施证据登记保存的行为，实质上是以貌似合法的证据登记保存方式进行变相的强制扣押。

二、本案行政处罚决定是否合法

《新疆维吾尔自治区实施〈城市市容和环境卫生管理条例〉行政处罚办法》第五条第八项规定："运输液体、散装货物不作密封、包扎、覆盖而造成泄漏、遗撒，机动车辆带泥在市区行驶污染城市道路的，处以 300 元以上 3000 元以下罚款。"据此，只有行政相对人实施了"运输液体、散装货物不作密封、包扎、覆盖"的违法行为造成"泄漏、遗撒"的结果，行政执法机关才可以依法对行政相对人作出"300 元以上 3000 元以下罚款"的处罚决定，而"泄漏、遗撒"的结果（如泄漏、遗撒物的数量，泄漏、遗撒物落地后形成的面积大小等）必须通过相关证据加以证明才能确定行政相对人违法事实的存在，进而才能对行政相对人进行行政处罚。本案被申请人提供的证据不足以证明申请人实施了"运输液体、散装货物不作密封、包扎、覆盖而造成泄漏、遗撒"的违法行为，被申请人作出的行政处罚决定事实不清，证据不足。

办案体会

"证据登记保存"的规定既是对行政机关的授权，又是对行政机关采取"证据登记保存"措施的制约，体现了对相对人合法权益的保护。行政执法机关在办理行政案件过程中应特别注意，实施证据先行登记保存措施必须同时具备六项"证据登记保存"合法要件，缺少任何一个要件都将被认定为违法行为。对于案情比较简单，可以采取调查笔录、视听资料和勘验笔录等其他形式去收集、证明和认定行政管理相对人违法事实的，不能采取先行登记保存的方式实施扣押行为。同时要强化对行政执法队伍的培训，督促执法人员在执法过程中依法、合理、正确实施证据先行登记保存措施。

（新疆维吾尔自治区人民政府法制办公室提供）

第七编　行政复议依据

40　不同法律规范的准确适用

——某村不服某市人民政府颁发
《水域滩涂养殖使用证》案

基本案情

申请人：某村

被申请人：某市人民政府

第三人：刘某

申请人对被申请人向第三人颁发的《水域滩涂养殖使用证》（以下简称《使用证》）不服，向行政复议机关申请行政复议。

申请人认为，某村拥有某沟系合法的土地证（标明了水域面积）、林权证执照，对该区域拥有合法的所有权。因第三人承包某村集体所有的该沟系林蛙养殖承包合同到期，某村再次组织公开发包时，发现某市水利部门没有征得申请人同意，将某沟系承包给第三人，并于2003年7月20日代被申请人颁发了《使用证》，严重侵犯申请人的合法权益。请求行政复议机关依法撤销被申请人向第三人颁发的《使用证》。

被申请人认为，根据《渔业法》第十一条的规定，县级以上人民政府有权颁发养殖使用证，被申请人向第三人颁发的《使用证》合法。

第三人认为，某沟系的水域属国家所有，某市水利局已将该水域承包给第三人。

行政复议机关认为，某沟系属于某村集体所有，被申请人属于超越职权给第三人颁发《使用证》。决定：撤销被申请人为第三人颁发的《使用证》，并责令被申请人因发证给第三人对申请人造成的经济损失给予适当补偿。第三人不服，向法院提起行政诉讼，法院作出了维持行政复议决定的判决。第三人又向上级法院提出上诉，2011 年 5 月 5 日上级法院作出维持行政复议决定的终审判决。

焦点问题评析

一、某沟系是集体所有还是全民所有

此案的关键是某沟系的权属问题。根据 2000 年 12 月 1 日修订施行的《渔业法》第十一条及 1987 年《渔业法实施细则》第十条的规定，县级以上人民政府有权颁发养殖使用证，但颁发《使用证》范围为全民所有水域。针对此案关键问题，办案人员进行现场调查勘验：一是某沟系位于申请人行政区划范围内，申请人拥有合法的该区域土地所有证（标明水域面积）和林权执照，对该区域拥有合法的所有权；二是 2001 年《某省渔业管理条例》第七条规定，在集体所有制土地范围内的自然水域属集体所有（另有规定除外）；三是第三人《使用证》标明"本证适用于国有水域"。因此，行政复议机关确认某沟系为集体所有。被申请人在集体水域颁发《使用证》属于超越职权。

二、适用法律问题

被申请人认为该案"应当适用《宪法》、《水法》、《物权法》"，根据《水法》第三条："水资源属于国家所有"，《使用证》合法有效。行政复议机关认为，《水法》是为了开发、保护管理水资源、防治水害制定的一部法律，《物权法》是调整因物的归属和利用而产生的民事关系，《渔业法》是规范滩涂养殖开发利用的法律。《渔业法》中的"水域"与《水法》中的"水资源"是两个不同的概念。在《使用证》的第一页明确标明"根据《渔业法》……发给此证"，这说明发

证是根据《渔业法》实施的行政许可行为，即该案适用《渔业法》。《渔业法》（2000 年、2004 年）都明确规定养殖水域分为集体所有和全民所有，但没对哪些是全民所有、哪些是集体所有作出规定，而作为贯彻《渔业法》的地方性法规《某省渔业管理条例》（2001 年）却对此作了规定，说明行政复议机关依据该条例进行的确权适用法律正确。

三、该案适用旧法还是新法

2001 年《某省渔业管理条例》第七条规定："在集体所有制土地范围内的自然水域属集体所有"。被申请人认为，根据《立法法》第八十三条："同一机关制定的法律、行政法规、地方性法规、自治条例和单行条例、规章，特别规定与一般规定不一致的，适用特别规定；新的规定与旧的规定不一致的，适用新的规定"，2001 年《某省渔业管理条例》与 2004 年《某省渔业管理条例》不一致，应适用 2004 年《某省渔业管理条例》。行政复议机关认为，根据《立法法》释义，"不一致"是指新的一般规定与旧的一般规定不一致，而 2004 年《某省渔业管理条例》对水域权属没有规定，不能说明新条例与旧条例不一致。根据《立法法》第八十四条"法律、行政法规、地方性法规、自治条例和单行条例、规章不溯及既往……"的规定，本案适用 2001年《某省渔业管理条例》是正确的。

办案体会

此案较为复杂，历经行政复议、两级法院审理，最终撤销了某市人民政府为第三人颁发的《使用证》，使申请人通过行政复议得到了救济，维护了申请人的合法权益，体现了行政复议制度在依法化解行政争议、维护相对人合法权益、推进依法行政、建设法治政府的作用。因此，应进一步加强行政复议工作，强化行政复议作用。

（吉林省人民政府法制办公室提供）

41 行政程序规定不一致时如何处理行政复议案件

——甲矿业公司不服某省国土资源厅
给第三人颁发探矿许可证案

基本案情

申请人：甲矿业有限公司

被申请人：某省国土资源厅

第 三 人：乙矿业有限公司

申请人对被申请人给第三人颁发探矿许可证的具体行政行为不服，向某省人民政府申请行政复议。

申请人认为，被申请人给第三人颁发探矿许可证的具体行政行为违法，使申请人享有的平等许可竞争权受到非法损害。一是矿业权交易程序违法。根据某省人民政府《矿业权交易管理暂行办法》（简称《办法》）及《关于加快省属国有地勘单位矿业权市场化改革有关问题的通知》（简称《通知》）两个规范性文件的规定，省属国有地勘单位转让探矿权的，由于其国有性质，必须进入省国土资源交易中心进行交易。二是违反了省级政府批准程序。根据《通知》的规定，省属国有地勘单位探矿权转让，须报省矿产资源行政主管部门审核，并报省人民政府同意。该探矿许可证的颁发违反上述规定，剥夺和侵害了申请人依法享有的在公平条件下，获得该探矿权的权利和机会，故请求行政复议机关撤销，并责令被申请人重新就该探矿权转让依法进行招拍挂的交易程序。

被申请人认为，被申请人给第三人颁发探矿许可证的具体行政行为合法。一是根据《矿产资源法》第十一条和《关于规范勘查许可证采矿许可证权限有关问题的通知》（国土资发〔2005〕200号）的规定，被申请人是管理探矿权的法定部门，授予第三人探矿权是依法行使探矿权的管理职能。二是地堪总队与第三人签订探矿权转让合同是在省《办法》公布之前签订，被申请人将探矿权转让合同作为历史遗留问题，同意该探矿权协议转让。

行政复议机关认为，一是《行政复议法》规定的具体行政行为所适用的"依据"包括规章及规范性文件。《办法》及《通知》是某省人民政府依法制定并在本省行政区域内实施的对有关矿业权交易行为进行管理的规范性文件，该文件与相关法律、法规和规章并无抵触之处，被申请人作为省人民政府组成部门，应以该文件作为矿权交易行为的管理依据。二是被申请人将探矿权批准转让给第三人违反省人民政府规定的程序。《通知》规定："省属国有地勘单位的探矿权合作、合资、转让（包括协议及招拍挂方式转让）等行为，须报省矿产资源行政主管部门审核，并报省人民政府同意后方可实施。"同时，《办法》第三条规定："在本省行政区域内，……国有地勘单位转让矿业权的，必须进入省国土资源交易中心进行交易。申请受让矿业权的，应当向省国土资源交易中心提出申请，并提交其符合矿业权申请人资格的有关材料"。

根据上述规定，地堪总队作为国有地勘单位，其探矿权转让必须进入省国土资源交易中心进行交易，第三人也应当向省国土资源交易中心提出申请并提交相关材料。但双方均未进入中心交易，而是自行协议转让，被申请人也未报经省人民政府同意即予批准并为第三人颁发了探矿许可证。但第三人取得探矿许可证后已向地堪总队支付转让费人民币100万元，向B县支付矿区管护费人民币900万元，并已开展探矿工作。其作为被许可人对该行政许可产生的信赖利益应予保护。此外，该探矿权的行政许可关系该地区现有矿业秩序的稳定，也影响到全省矿业权的管理工作，撤销该探矿许可证可能对公共利益造成重大损害。根据《行政许可法》的相关规定，决定不予撤销该探矿许可证。

焦点问题评析

一、竞争公司是否有权就行政机关给其他竞争者发放探矿许可证的行为申请行政复议

根据《行政复议法》第六条的规定，公民、法人或者其他组织认为符合法定条件，申请行政机关颁发许可证，行政机关没有依法办理的可以依照本法申请行政复议。《行政许可法》第五十三条也规定，涉及有限资源开发利用的行政许可，行政机关应当通过招标、拍卖等公平竞争的方式作出决定。行政机关违反规定，不采用招标、拍卖方式，或者违反招标、拍卖程序，损害申请人合法权益的，申请人可以依法申请行政复议或者提起行政诉讼。行政许可对于获得许可的相对人来说是授益性行政行为，相对于未得到许可的竞争者来说则是负担性行政行为。尤其是在排他性行政许可中，必然会影响其他申请人取得许可，从而使其难以获得相应的权益，也就是可期待利益的减少。其他竞争权益人认为赋予他人行政许可的行为限制或者剥夺其公平竞争权，有权就行政许可的公平申请权或者要求排除赋予他人排他性许可的独占权而依法申请行政复议。本案申请人认为其根据省人民政府的相关规定，申请依法受让国有探矿权却未能获得公平的竞争机会，对行政主管部门未经竞争程序即许可他人的具体行政行为自然有权申请行政复议。

二、矿权交易管理的法定程序及因此产生的法律适用问题是本案的焦点与难点

根据《矿产资源法》第六条的规定，经依法批准，探矿权、采矿权可以转让。具体办法和实施步骤由国务院规定。国务院《探矿权采矿权转让管理办法》规定，国务院地质矿产主管部门和省、自治区、直辖市人民政府地质矿产主管部门是探矿权、采矿权转让的审批管理机关。申请转让探矿权、采矿权的，审批管理机关应当自收到转让申请之日起40日内，作出准予转让或者不准转让的决定，并通知转让人和受让人。准予转让的，转让人和受让人应当自收到批准转让通知之

日起60日内，到原发证机关办理变更登记手续；受让人按照国家规定缴纳有关费用后，领取勘查许可证或者采矿许可证，成为探矿权人或者采矿权人。被申请人依据上述规定，在正式书面答复意见之外，向省人民政府法制办口头提出，被申请人是矿权转让的法定审批机关；上述法律、法规规定了矿权转让的法定期限和程序，省人民政府文件关于省属国有地勘单位转让矿权须进入交易中心并由省人民政府审批的规定，与上述法律、法规的规定不相符，干涉了省级国土资源部门依法行使职权，属法外增设行政许可的审批环节，有违法之嫌。这一问题，在省人民政府法制办办务会讨论此案时，争论十分激烈。

使问题更趋复杂的是，《行政许可法》第五十三条规定，实施本法第十二条第二项所列事项（即有限自然资源开发利用等事项）的行政许可的，行政机关应当通过招标、拍卖等公平竞争的方式作出决定。但是，法律、行政法规另有规定的，依照其规定。依照上述规定，对国有地勘单位矿权面向社会的转让，应属于竞争许可范围，省人民政府规范性文件也符合该条的规定，应属合法有效。但该条"法律、行政法规另有规定的，依照其规定"的但书，又造成法律适用的复杂化。是否应依该条但书规定，仍适用《矿产资源法》和国务院《探矿权采矿权转让管理办法》？这样又形成法律适用的循环难题。依据新法优于旧法的原则，应适用《行政许可法》的规定；根据特别法优于普通法的原则来选择，何者为普通规定？何者为特别规定？难以断定。如选择后者，也会使行政复议机关自身的规范性文件陷入需进行合法性审查的尴尬境地。

行政复议机关最终采取的意见是，根据《行政许可法》的立法精神及本省矿权交易秩序管理的实际需要，确定省人民政府所发的规范性文件合法有效，被申请人批准涉案矿权转让并为第三人颁发探矿许可证的行为违反省人民政府规定的程序。但根据维护重大公共利益的需要，依据《行政许可法》的相关规定作出了不予撤销的决定。

行政复议决定书作出后，申请人不服并向法院提起了诉讼。法院司法审查的焦点仍然是矿权交易的法定程序及相关规范性文件的效力问题。

一审法院认为，被申请人作为矿权转让的审批管理机关，其管理行为必须遵循《矿产资源法》、《探矿权采矿权转让管理办法》及《行政许可法》的规定。其具体行政行为未违反《行政许可法》及相关法律、行政法规的规定，判决驳回原告矿业公司的诉讼请求。

二审中，申请人提出，根据最高人民法院《关于审理行政案件适用法律规范问题的座谈会纪要》，对有关部门为指导法律执行或者实施行政措施而作出的具体应用解释和制定的其他规范性文件，人民法院经审查认为被诉具体行政行为依据的具体应用解释和其他规范性文件合法、有效并合理、适当的，在认定被诉具体行政行为合法性时应承认其效力。一审法院单一适用法律、行政法规属适用法律不当。但二审法院认为，根据《立法法》中"行政法规的效力高于地方性法规、规章"的规定，国务院《探矿权采矿权转让管理办法》的法律效力高于省人民政府规范性文件，且某省人民政府为维护该地区现有矿业秩序的稳定，避免对公共利益造成重大影响，作出不予撤销该探矿权证的行政复议决定并无不当，判决：驳回上诉，维持原判。

三、作出本案行政复议决定的法律适用问题值得探讨

对本案具体行政行为程序是否合法的认定难题，行政复议机构最终以被申请人将某金矿普查探矿权批准转让给第三人"违反省人民政府规定的程序"这样的表述作了结论。而"违反省人民政府规定的程序"是否必然等于"违反法定程序"存在很大争议，这样一来行政复议决定对具体行政行为的处理自然也成为问题。

根据《行政复议法》及其实施条例的规定，对本案具体行政行为无论作出维持、撤销、变更、确认违法或驳回行政复议申请的决定，均难以圆满解决问题。行政复议机关最终根据《行政许可法》第六十九条的规定，即"有下列情形之一的，作出行政许可决定的行政机关或者其上级行政机关，根据利害关系人的请求或者依据职权，可以撤销行政许可：……（三）违反法定程序作出准予行政许可决定的；……（五）依法可以撤销行政许可的其他情形。……依照前两款的规定撤销行政许可，可能对公共利益造成重大损害的，不予撤销"，认定被申请人将某金矿普查探矿权批准转让给第三人"违反省人民政府规

定的程序"，但"作为被许可人对该行政许可产生的信赖利益应予保护"，此外，"撤销该探矿许可证可能对公共利益造成重大损害。根据《行政许可法》的相关规定，该探矿许可证可不予撤销"。这样的考虑是，基于行政许可而产生的行政复议案件，可以《行政许可法》为特别法优先适用，而且这一选择，也不存在与《行政复议法》的相关规定抵触或冲突的问题。

办案体会

本案中对具体行政行为法定程序的认定及由此出现的法律适用问题的争执，即《行政许可法》第五十三条关于有限自然资源开发利用、公共资源配置等行政许可应采取竞争许可的规定及其但书，和《矿产资源法》及国务院《探矿权采矿权转让管理办法》的相关规定，互相冲突的难题，反映出目前我国行政程序统一立法的迫切性，也反映出当前我国行政复议法律制度对行政复议案件审理中法律适用冲突问题的立法粗疏问题。对此，在目前情况下，行政复议机关可以考虑参照最高人民法院《关于审理行政案件适用法律规范问题的座谈会纪要》予以解决。

（甘肃省人民政府法制办公室提供）

准确界定具体行政行为性质

——马某不服 F 市人民政府作出的《扑杀令》案

基本案情

申请人：马某

被申请人：F 市人民政府

申请人对被申请人在 2010 年 5 月 4 日作出的《扑杀令》不服，向行政复议机关申请行政复议。

申请人认为，根据《行政处罚法》、《动物防疫监督检查站口蹄疫疫情认定和处置办法（试行）》等有关规定，被申请人作出的《扑杀令》违反法定程序，应当予以撤销，并承担相应的赔偿责任。同时，申请对《扑杀令》所依据的《动物防疫监督检查站口蹄疫疫情认定和处置办法（试行)》进行合法性审查。

被申请人认为，《扑杀令》适用法律正确、程序合法，依据事实清楚，依法应予维持。

行政复议机关认为，根据农业部第 1125 号公告规定，口蹄疫病为法定的人畜共患一类疫病，根据《动物防疫法》第三十一条第二项的规定，发生一类动物疫病时，县级以上地方人民政府应当立即组织有关部门和单位采取封锁、隔离、扑杀、销毁、消毒、无害化处理、紧急免疫接种等强制措施，迅速扑灭疫病。

2010 年 4 月 14 日，申请人从 S 省某养殖场购买了犊牛 339 头。2010 年 4 月 29 日途径 G 省 L 县，该县给其开具了防治重大动物疫病指挥部非疫区证明、出县境动物检疫合格证、动物及动物产品运载工具消毒证明及动物免疫证，检疫证明有效期为 7 日，起运地为 G 省 L 县，目的地为 X 自治区 F 市某团场。2010 年 4 月 30 日晚，申请人 5 辆运牛车途径 F 市准东路口临时动物防疫检查消毒站，执法人员检查时发现申请人无入境省级公路检查站的验讫印章，遂即对其运牛的车辆及 320 头牛进行消毒和观察，并安排专人看管。2010 年 5 月 1 日，经 F 市兽医专家对牛群初步检验，有部分犊牛有口蹄疫临床症状，F 市畜牧兽医局及时上报 C 州防治重大动物疫病指挥部办公室，F 市动物卫生监督所向申请人下发了隔离观察通知书。5 月 2 日，C 州畜牧兽医局组织州、市动物疾控中心专家再次检查，确认为口蹄疫。5 月 3 日 X 自治区防治重大动物疫病指挥部办公室下发了《关于对 C 州 F 市公路动物防疫监督检查站查堵疑似 W 防控工作的指导意见》。5 月 4 日，F 市人民政府根据《动物防疫法》第三十一条的规定，依法对申请人运输的该批牛下达了《扑杀令》，并当面宣读了《扑杀令》的内容后，依法组织对染病及同群犊牛实施强制扑杀。被申请人作出的扑杀行为，是依法实施的强制措施，认定事实清楚，证据确凿，适用依据正确，程序合法，内容适当，依法予以维持。

焦点问题评析

一、本案中扑杀行为应适用行政强制措施的程序规定，不适用《行政处罚法》中有关行政处罚的程序规定

行政处罚是国家行政机关对构成行政违法行为的公民、法人或者其他组织实施的行政法上的制裁。根据《行政处罚法》规定，行政处罚主要包括：警告；罚款；没收违法所得、没收非法财物；责令停产停业；暂扣或者吊销许可证、暂扣或者吊销执照；行政拘留以及法律、行政法规规定的其他行政处罚。

根据《行政强制法》第二条、第九条的规定，行政强制措施是指行政机关在行政管理过程中，为制止违法行为、防止证据损毁、避免危害发生、控制危险扩大等情形，依法对公民的人身自由实施暂时性限制，或者对公民、法人或者其他组织的财物实施暂时性控制的行为。主要包括：限制公民人身自由；查封场所、设施或者财物；扣押财物；冻结存款、汇款；其他行政强制措施。

《动物防疫法》第三十一条第二项规定，发生一类动物疫病时，县级以上地方人民政府应当立即组织有关部门和单位采取封锁、隔离、扑杀、销毁、消毒、无害化处理、紧急免疫接种等强制性措施，迅速扑灭疫病。根据农业部第 1125 号公告的规定，口蹄疫病为法定的人畜共患一类疫病。因此，对患口蹄疫牲畜立即扑杀是一种行政强制措施，属于《行政强制法》中罗列的"其他行政强制措施"。

既然对患疫病牲畜扑杀的行为属于行政强制措施，就不应当按照《行政处罚法》规定的程序实施。F 市人民政府在涉案的 320 头牛确诊为口蹄疫后，为防止疫病传播，作出了《扑杀令》送达申请人，并立即组织扑杀的行为，符合《动物防疫法》第三十一条的规定。

二、《动物防疫监督检查站口蹄疫疫情认定和处置办法（试行）》合法有效，可作为本案的适用依据

农业部《动物防疫监督检查站口蹄疫疫情认定和处置办法（试行）》是本案被申请人认定疫情适用的法律依据，在本案审理过程中，申请人补充提出了对《动物防疫监督检查站口蹄疫疫情认定和处置办法（试行）》的合法性审查请求，行政复议机构经致函请示农业部政法司，农业部政法司的复函《关于〈动物防疫监督检查站口蹄疫疫情认定和处置办法（试行）〉合法性审查的答复》（农政综函［2010］61 号），确认《动物防疫监督检查站口蹄疫疫情认定和处置办法（试行）》制定程序合法，内容与上位法无抵触。因此，被申请人适用依据合法正确。

三、关于行政赔偿的问题

农业部《防疫监督检查站口蹄疫疫情认定和处置办法（试行）》第七条规定："……（二）对持有合法检疫证明且在有效期之内的，疫情处置费用由动物防疫监督检查站所在省（区、市）承担，畜主所受损失由输出地省按有关规定给予补助"，根据该规定，被申请人不负有承担赔偿或补偿申请人损失的责任或义务。

办案体会

一、本案中扑杀行为的定性

本案中，申请人提出被申请人的扑杀行为违反了《行政处罚法》

中的有关程序规定，因此判定扑杀行为的性质就是本案的关键。如果扑杀行为属于行政处罚的一种措施，则被申请人在确认疫病后作出《扑杀令》并立即组织扑杀，是剥夺了申请人陈述、申辩、申请听证等权利，但是经过办案人员的认真分析，扑杀行为是一种行政强制措施。由此可见，对案件具体行政行为性质的判定是决定案件裁决结果的决定性因素，对一些不常见的具体行政行为需要审慎分析，仔细甄别。

二、对案件事实经过的查证

本案中，申请人称未收到过《扑杀令》。经办案人员调查核实，被申请人在组织扑杀前，当面向其宣读了《扑杀令》的全部内容，由于申请人接受不了这个处理结果，不愿签收。但是被申请人对宣读、扑杀的全部过程都进行了录像、拍摄，现场有 F 市市政府有关领导、执法人员、记者、申请人等相关人员在场，实际已完成了依法送达的程序。被申请人还对案件处理过程中涉及的其他一些关键环节也进行了录像取证，诸如：F 市有关领导组织办案人员研究处理案件的过程、F 市动物卫生监督部门与该批牛检疫证出具地动物卫生监督部门的工作人员电话联系的过程等等，这些影音资料是该案送达程序中的关键证据。考虑到该案件案情复杂，影响面广，当事人双方又未能充分提交案件证据，为严谨办案，行政复议人员还是深入调查，从 F 市动物卫生监督所获取相关证据，形成了完整的证据链。

（新疆维吾尔自治区人民政府法制办公室提供）

——安某不服某自治区民政厅行政答复案

基本案情

申请人：安某

被申请人：某自治区民政厅

申请人对被申请人《关于某村选举中几个问题的答复》（以下简称《答复》）不服，向行政复议机关申请行政复议。

申请人称，2010 年 10 月 12 日，申请人经村内选民直接提名推选，以最高票数被选为村民委员会主任候选人，但却被村选举委员会取消了候选人资格。村选举委员会的做法得到了被申请人的确认。2010 年 11 月 1 日，被申请人下发《答复》指出：申请人服刑期未满，仍为职务终止对象，不具备候选人条件，不能认为是选民依法确定的候选人。申请人认为，申请人虽然被判处有期徒刑 2 年缓刑 3 年，但仍然具有选举权和被选举权。被申请人的《答复》与《某自治区实施〈村民委员会组织法〉办法》的规定相违背，于法无据，应予纠正。

被申请人称，2009 年 11 月，某村产生了新一届村民委员会，但是村民委员会主任（即申请人）在届内任期中因犯职务侵占罪被判处有期徒刑 2 年缓刑 3 年。根据《某自治区实施〈村民委员会组织法〉办法》第四十六条的规定，申请人的村民委员会主任职务相应终止。2010 年 9 月 16 日，某村村民委员会成员补选工作启动，申请人以最高票数成为补选村民委员会成员候选人。因申请人正处于判处有期徒刑宣告缓刑期间，村选举委员会确认申请人不具备候选人条件，后逐级向被申请人请示。被申请人认为，申请人在服刑期间，不具有村民委员会成员候选人资格；村选举委员会有"组织选民提名推荐、协商候选人，确定并公布正式候选人名单"职责；补选村民委员会成员是因为申请人职务被终止而启动的，再让其当选不符合立法本意。

行政复议机关认为，被申请人作出的《答复》，符合《村民委员会组织法》的立法本意和《某自治区实施〈村民委员会组织法〉办法》的规定，因此，行政复议机关作出了维持的行政复议决定。

焦点问题评析

本案的争议焦点是：村民委员会成员在职务相应终止后的补选中是否具有被选举权。

某自治区人大常委会通过的《某自治区实施〈村民委员会组织法〉办法》第四十六条第三款规定："村民委员会成员被依法追究刑事责任或者劳动教养的，其职务相应终止。"第四十七条规定："村民委员会成员，因未选足名额或者因罢免、辞职、调离、职务终止、死亡、户口迁出等原因造成缺额时，应当在三个月内进行补选。补选由村民委员会主持，适用本办法规定的选举程序和方法。"

依照上述规定，第一，村民委员会成员被判处有期徒刑，表明该成员正在接受刑事处罚，即便在缓刑期间，仍然要接受考察机关的监督，遵守有关缓刑实施的各项规定。缓刑期满后，既有可能不再执行原判刑罚，也有可能撤销缓刑执行原判刑罚。

第二，村民委员会成员职务相应终止，应当是在人民法院的刑事判决书生效后自然终止，不须再经过罢免、辞职等程序。所以，村民委员会成员职务相应终止后造成缺额，是启动成员补选的原因之一。

第三，补选不是村民委员会成员的换届选举，不存在连选连任，而是针对缺额的人数、职位采取的补救措施。罢免、辞职、职务相应终止等人员是造成成员缺额并启动补选程序的根本原因，所以不应当在补选时再次当选。

总之，依法被追究刑事责任的村民委员会成员，其职务相应终止，即使处于缓刑期间，履职的障碍亦尚未解除，因此，不再具备担任村民委员会成员的任职资格。

办案体会

　　本案案情较为简单，但是背后的利益矛盾纠葛较为复杂。在行政复议过程中，行政复议机关多次接待申请人及其对立面村民的集体来访。在该村补选中，处于缓刑期间的安某还能以高票当选村民委员会主任候选人，反映出目前农村基层政权建设的复杂形势与农村宗族势力对于选举的影响。对于被申请人所作的《答复》的性质，行政复议机关认为：被申请人作出的《答复》中直接点到申请人选举权受限的问题，《答复》送达到申请人手中，并对申请人的权利与义务产生了直接的影响，因此，其不属于不具有强制力的行政指导范畴，应当属于行政复议的受理范围。行政复议机关注重从立法的本意来探究问题，注重相关法律、法规的梳理，最后作出的决定书，在教育申请人安某的同时，实际上也达到了让相关的村民接受普法教育、理解相关法律法规的综合性效果。

　　本案最大的启示是在行政复议案件的审理中，应深刻理解法律的立法本意与相应的实际操作。本案涉及村民委员会选举事项，主要由《村民委员会组织法》及相关地方性法规来规范。《村民委员会组织法》第二条规定："村民委员会是村民自我管理、自我教育、自我服务的基层群众性自治组织，实行民主选举、民主决策、民主管理、民主监督。"第十五条规定："村民提名候选人，应当从全体村民利益出发，推荐奉公守法、品行良好、公道正派、热心公益、具有一定文化水平和工作能力的村民为候选人。"第十八条规定："村民委员会成员丧失行为能力或者被判处刑罚的，其职务自行终止。"第十九条规定："村民委员会成员出缺，可以由村民会议或者村民代表会议进行补选。"本案中，安某被判处刑罚，既无法再继续履行村民委员会主任的职责，实际上也丧失了"奉公守法"这一候选人的基本条件，这是启动补选的直接原因。补选是村民委员会选举的重要环节，如果通过补选，再让安某当选，实际操作就没有任何意义。

（民政部政策法规司提供）

正确适用法律，规范执法行为

——乙村民委员会不服某乡人民政府
草山纠纷调处决定案

基本案情

申请人：乙村民委员会

被申请人：某乡人民政府

申请人不服被申请人 2009 年 12 月 9 日作出的《关于甲村和乙村草山纠纷的调处决定》（以下简称《调处决定》），于 2009 年 12 月 28 日向县人民政府申请行政复议。

申请人认为，1965 年 5 月 25 日，在乡人民政府和草原管理站工作人员的主持下，各方签字达成了《关于调整划分宝库草原的协议书》。几十年来，各村放牧人员始终按照这个协议使用和管理草山，大家也公认这个协议，从未发生过任何矛盾。2009 年 6 月 30 日，乙村组织村民拉网围栏，甲村村民对此不满，拆除了部分围栏，双方矛盾激化。乡人民政府组织人员实地查看了现场，作出了《调处决定》。这个决定没有尊重历史上形成的两村使用、管理草原的习惯和界限原状，应当予以纠正。

被申请人认为，2009 年 6 月 30 日，乙村因封山育林项目拉网栏，在争议地段遭到甲村村民的强烈反对，双方发生纠纷。根据属地管理原则，乡人民政府对两村草山纠纷先后进行了 8 次调解，但均未达成一致。后根据《草原法》、《信访条例》和《关于调整划分宝库草原的协议书》，被申请人在尊重事实和权衡双方利益的基础上，作出了《调处决定》。

行政复议机关认为，被申请人作出的《调处决定》证据不足，适用依据错误，因此撤销了被申请人的《调处决定》。

焦点问题评析

一、行政复议在草山纠纷上的处理办法

《行政复议法》第六条第四款规定，公民、法人或者其他组织对行政机关作出的关于确认土地、矿藏、水流、森林、山岭、草原、荒地、滩涂、海域等自然资源的所有权或者使用权的决定不服的，可以依照本法申请行政复议。建国以来，各级政府虽调处过不少草山边界纠纷，但治标不治本，没有从根本上消除纠纷，产生的协议书界线表述不清，为纠纷再起留下隐患。过去产生的协议界线走向以地名为准，没有地形说明，年代久远后往往由于地名变更，引发新的争议。一个地区有几个甚至十多个协议、决定、纪要，造成"协议越多，纠纷越多"的恶性循环，个中原因是调处纠纷的部门就事论事，没有从根本上解决问题，一旦群众争议便产生一次协议，协议书失去应有的权威性。双方群众均抓住对自己有利的条款不放，致使矛盾越来越激化，一些"老大难"纠纷均属此例。为了进一步加强对草山的管理工作、彻底解决草山纠纷，依法进行全面勘界工作是必不可少的。勘定草山界线工作是改变处理草山纠纷争议被动局面，积极主动地解决草山纠纷问题的有效措施，是彻底解决草山争议的根本途径。但是要彻底解决这一"老大难"问题，尚需继续努力。首先，重视勘界工作，站在维护农牧区稳定的高度，克服狭隘的利己主义和强权政治的思想，大力支持业务部门勘定草山界限；其次，勘界业务主管部门在工作中要充分尊重历史和现实，既要认真听取双方的意见，查阅有关历史资料，又要深入草山地区实地查看和倾听争议双方群众的意见，保证勘定界线客观、公正、合理，避免再次引发争议；再次，对双方意见较大、无法勘定的界线，争议双方将各自的分歧意见和解决方案及时报上级人民政府处理。在处理草山纠纷争议时，要认真听取争议双方的意见、审阅相关资料，必要时深入草山地区倾听双方群众的意见，确保对草山争议的裁决客观、公正、合理，能够得到双方群众的认可并严格执行。

二、草山纠纷管辖权

《青海省实施〈中华人民共和国草原法〉细则》第八条规定，草原权属发生争议时，有协议或裁决的，按协议或裁决执行。没有协议的，可根据现状，参照历史（主要是解放后的历史），由争议的双方本着互谅互让，有利团结的精神协商解决；协商不成的，双方可将各自的依据和解决方案报请上一级人民政府处理。个人之间、个人与村（社）、村（社）与村（社）之间的草原争议，由乡（镇）人民政府处理。根据该条规定，乡镇人民政府具有管辖权。《草原法》第十六条规定："草原所有权、使用权的争议，由当事人协商解决；协商不成的，由有关人民政府处理。"《青海省实施〈中华人民共和国草原法〉办法》第十八条规定："草原权属发生争议时，当事人应当本着互谅互让，有利于团结和发展生产的原则协商解决；协商不成的，依法由有关人民政府处理；当事人对处理决定不服的，可以依法向人民法院起诉。"

在本案中，乡人民政府根据《草原法》、《青海省实施〈中华人民共和国草原法〉细则》和《青海省实施〈中华人民共和国草原法〉办法》等作出了决定。行政复议机关在审查过程中发现，《青海省实施〈中华人民共和国草原法〉细则》已于2008年1月1日失效，而《草原法》和《青海省实施〈中华人民共和国草原法〉办法》中并没有明确规定乡镇人民政府对草山纠纷的管辖权。而且，1965年5月11日至25日，县草管会派人协同宝库公社召集在宝库草原放牧的10个公社49个大队的相关人员，经过全面勘察、友好协商，达成了《关于调整划分宝库草原的协议书》。该协议主要明确了各社、队的草山界限，明确了管理责任和放牧的相关制度，争议双方也没有对该协议有任何的异议。据此，被申请人某乡人民政府作出的《调处决定》证据不足，适用依据错误，申请人要求撤销《调处决定》的请求应当予以支持。

办案体会

本案争议所在的乡，是某县草山面积最大的乡镇，草山纠纷导致各村之间的矛盾比较多。行政复议机关认为，问题的症结在于乡镇人民政府对于相关法律法规的规定理解有误，对本级政府的行政职能范围认识不清，学法用法的能力不强，导致未能依法行政。就本案来讲，在处理草山纠纷时，乡镇人民政府未深入了解双方争议所在，就以失效法律为依据对草山纠纷作出裁决，使得争议双方的矛盾进一步加大。行政复议机关贯彻依法行政的精神，规范政府行政行为，纠正错误的行政行为，维护法律应有的秩序，维护争议双方的合法权益，作出了撤销原具体行政行为的行政复议决定。

行政复议决定作出前，行政复议机关多次与乡人民政府、争议双方沟通，解释相关法律法规，乡人民政府也接受了行政复议机关作出的决定。同时，深入实地对争议双方的矛盾进行化解，最后争议双方的矛盾得到化解。行政复议机关还对乡镇干部群众进行了法律知识宣传教育，提高了基层干部群众学法用法的能力，使乡镇工作人员特别是领导干部依法行政意识显著提高，法律决策、依法办事的自觉性明显增强。

（青海省西宁市大通县人民政府法制办公室提供）

——李某不服某市人力资源和社会保障局
不予受理工伤认定申请案

基本案情

申请人：李某

被申请人：某市人力资源和社会保障局

申请人对被申请人作出的不予受理工伤认定申请决定不服，向行政复议机关申请行政复议。

申请人认为，被申请人根据《工伤保险条例》第一章第一条的规定不予受理申请人的工伤认定申请，属于适用法律错误。

被申请人认为，《工伤保险条例》第一条以及第十四条的规定是指职工因受到事故伤害或患职业病而提出工伤认定申请，而李某已超过法定退休年龄，故不在《工伤保险条例》规定的范围之列。

行政复议机关认为，《宪法》第四十二条第一款规定："中华人民共和国公民有劳动的权利和义务"。故凡具有我国国籍的人，包括超过法定退休年龄的人，都有参加劳动和就业的资格，即拥有劳动的权利能力，这是法律赋予每个公民的权利。《劳动法》第十二条规定，劳动者就业，不因民族、种族、性别、宗教信仰不同而受歧视。老年劳动者只要身体健康，具有劳动行为能力，就应与其他劳动者一样平等享有就业的权利。如果限制或禁止他们就业，就剥夺了老年劳动者劳动的权利，也是一种劳动就业的歧视。同时，对于用人单位而言，可以根据实际情况选择年轻的劳动者，也可以选择老年劳动者，国家不可能也没有必要干涉用人单位的用人自主权。

由于本省没有明确的规定，行政复议机关参照最高法院行政审判庭的两个答复意见，以被申请人未提供作出具体行政行为的依据为由，撤销了被申请人不予受理申请人工伤认定申请的决定。行政复议决定作出之后，用人单位主动与申请人协商，同意给予一定的经济补偿，最后双方达成了和解。

焦点问题评析

该案争议的焦点是：超过法定退休年龄的公民在用人单位工作中受伤，能否认定工伤。

一、对超龄劳动者工伤认定问题国家没有明确规定，各省市区做法不一

据了解，目前针对超过法定退休年龄的公民在工作中受伤是否可以申请工伤认定，全国各个省市规定并不相同，大致有三种情况：一是明确规定不予受理。如《北京市实施〈工伤保险条例〉办法》规定："工伤认定申请有下列情形之一的，不予受理：……（二）受伤害人员是用人单位聘用的离退休人员或者超过法定退休年龄的……"。二是明确规定可以享受劳动保险。如《上海市劳动和社会保障局、上海市医疗保险局关于实施〈上海市工伤保险实施办法〉若干问题的通知》规定："本市用人单位聘用的退休人员发生事故伤害的，其工伤认定、劳动能力鉴定按照《实施办法》的规定执行，工伤保险待遇参照《实施办法》的规定由聘用单位支付。"三是没有明确规定。这种情况居多，但实践中的做法多是对此类申请不予受理。本案所在省在实施《工伤保险条例》的若干规定中对此没有明确规定。

二、相关政策和解释倾向于保护超龄劳动者工伤保险权益

行政复议机关认为，《宪法》规定了公民有劳动的权利和义务。现行法律只对劳动者年龄的下限作出了规定，对劳动者年龄的上限没有作出规定，不能因是离退休职工就否定其劳动者身份。劳动部《关于贯彻执行〈中华人民共和国劳动法〉若干问题的意见》第二条规定："中国境内的企业、个体经济组织与劳动者之间，只要形成劳动关系，即劳动者事实上已成为企业、个体经济组织的成员，并为其提供有偿劳动,适用劳动法。"由此可见,是否形成劳动关系,应当看劳动者是否事实上已成为企业、个体经济组织的成员,并为其提供有偿劳动。中办发〔2005〕9号关于促进就业的文件没有明确将离退休人员排除在劳动关系之外。最高人民法院行政审判庭就此类问题在2007年和2010年先后有两个答复,一个是2007年的(2007)行他字第6号答复,称:"根据《工伤保险条例》第二条、第六十一条等有关规定,离退休人员受聘于现工作单位,现工作单位已经为其缴纳了工伤保险费,其在受聘期间因工作受到事故伤害的,应当适用《工伤保险条例》的有关规定处理。"另一个是2010年的(2010)行他字第10号答复,称:"用人单位聘用的超过法定退休年龄的务工农民,在工作时间内、因工作原因伤亡的,应当适用《工伤保险条例》的有关规定进行工伤认定。"

三、司法实践中有判定工伤的案例

在审判实践中,即使四川省劳动和社会保障厅《关于超过法定退休年龄人员工伤认定问题的复函》(川劳社函〔2003〕261号)明确规定,超过法定退休年龄的人员,在务工中发生伤害事故,其劳动关系不确立,不属于《劳动法》及相关法规的调整范围,其伤亡性质认定申请,劳动保障部门不应受理,但该省的司法部门就该类案件也是认为应该予以认定工伤。又如四川省宜宾市中级人民法院(2006)宜行终字第19号适用最高人民法院的解释,对超过退休年龄劳动者作出了认定工伤的判决。

综上所述,目前全国对此类问题没有统一标准,只有最高人民法院审判庭有两个答复,少数省市规定各不相同。本省目前没有明确的书面规定,省内各地的实践也不一致。行政复议机关认为,劳动者劳动权利受《宪法》、《劳动法》保护,劳动关系的建立属于用人单位和劳动者的自主权,对于用人单位而言,可以根据实际情况选择年轻的劳动者,也可以选择老年劳动者,国家不可能也没有必要干涉用人单位的用人自主权。由于本省没有明确的规定,行政复议机关参照最高人民法院行政审判庭的两个答复意见,以被申请人未提供作出具体行政行为的依据为由,撤销了被申请人不予受理申请人工伤认定申请的决定。因行政复议决定作出后，用人单位主动与申请人达成和解，被申请人也就没有受理申请人的工伤认定申请。

办案体会

行政复议对防止和纠正行政机关违法或者不当的执法行政行为，保护公民、法人和其他组织的合法权益，保障和监督行政机关依法行使职权具有重要作用，但是政府法制机构在办理行政复议案件时，也会遇到一些没有法律明确规定的问题，在办理这类案件过程中，我们体会到：

一、只有做到"以人为本，复议为民"，才能切实保护当事人的合法权益

全心全意为人民服务，构建和谐社会是新时代行政复议的神圣使命。办案过程中，要牢固树立"以人为本，复议为民"的思想。在不违法的情况下，要从有利于人民群众的角度去考虑和处理问题。超龄劳动者是社会普遍现象，在法律规定滞后的情况下，不宜一概否认，应从情理、法理上多分析、考量、认识，并从有利于保护该群体利益的角度处理好。只有这样，群体利益的合法权益才能得到切实的保护。虽然本案最终未受理并认定为工伤，但是作为一个有争议的案例，能促使用人单位主动与申请人达成和解，也可以说在一定程度上保护了申请人的利益。

二、多角度考虑问题，可增强行政复议办案的准确性

对于没有明确法律依据的案件，应该多从法理的角度考虑问题，并尽可能多地查找相关的司法解释或类似的案例作参考。这样做有助于行政复议机关准确把握事物走向，作出正确的判断，所办案件才能经得起历史的检验。

三、举一反三，可提升行政复议办案效果

办理此类群体案件还要考虑连锁效应。该市工伤认定案件每年近千件，其中不少与该案的情况相同或相似。考虑到这个现实，在办理该案时，案件承办人员积极主动地和市人力资源和社会保障局的相关

工作人员和领导沟通，就个案问题充分进行探讨，最后达成了共识，被申请人认可了行政复议机关的意见，今后出现类似案件，被申请人表示都将予以受理，并依法维护相对人的合法权益。

（江西省景德镇市人民政府法制办公室提供）

46 准确把握立法意图，正确适用法律

——某公司不服某省财政厅对其投诉申请不予受理案

基本案情

申请人：某公司

被申请人：某省财政厅

申请人因被申请人对其政府采购投诉申请作出的不予受理决定不服，向行政复议机关申请行政复议。

申请人认为，在某省消防总队委托某招标公司举行的"消防设备采购"招标活动中，采购人省消防总队属于行政机关的范畴，而且消防设备采购的采购经费和招标文件以及消防设备采购过程，始终按照政府采购的相关规定和有关程序实施，因此，消防设备采购不属于军事采购，应由被申请人进行监管。被申请人依法应当受理申请人就该采购活动提出的投诉，但是，被申请人对申请人的投诉事项不予受理，未依法履行法定职责。

被申请人认为，消防设备采购的采购人是省消防总队，属于武装警察部队序列，根据《军队物资采购管理规定》（后字［2005］14号）第一章、第四章的规定，此次采购活动属于军事采购。根据《政府采购法》第八十六条的规定，军事采购不适用《政府采购法》，被申请人对消防设备采购活动没有监督管理权，据此，被申请人对申请人的投诉申请作出了不予受理决定。

行政复议机关认为，除了严格按照军事采购法规的规定进行的军事采购外，其他由财政部门直接支付资金、委托由财政部门授予资质的代理机构进行的公开采购活动，均应纳入政府采购范围，由财政部门予以监管。对省消防总队采购消防设备的活动，被申请人应当依法

履行监管职责。根据《行政复议法》第二十八条第一款第（二）项的规定，行政复议机关作出了如下决定：被申请人依法受理申请人的投诉申请，并自收到本决定之日起 30 个工作日内，对投诉事项作出处理决定。

焦点问题评析

该案争议的主要问题是：消防设备采购是否属于军事采购以及财政部门是否负有监管职责。

此次采购活动的采购人为省消防总队，既属于武装警察的消防部队，也属于公安部门的消防机构，从其公安部门消防机构的属性看，其作为行政机关，拥有行政执法权。对于该机关的采购活动，除了严格按照军事采购法规的规定进行的军事采购外，其他由财政部门直接支付资金、委托由财政部门授予资质的代理机构进行的公开采购活动，均应纳入政府采购范围，由财政部门予以监管。

本次采购活动中招标文件是按照政府采购的相关规定编制的。该招标文件中"第二章 投标人须知"之"十、质疑和投诉"中，写明根据《政府采购法》和《政府采购供应商投诉处理办法》等规定进行处理。申请人作为采购活动的供应商，应当依法享有质疑和投诉的权利，有权通过合法的途径得到有效救济，据此，被申请人应当受理和处理申请人的投诉请求。

根据《行政复议法》第二十八条中关于"被申请人不履行法定职责的，决定其在一定期限内履行"的规定，行政复议机关依法作出了责令被申请人在法定期限内履行政府采购监管职责的行政复议决定。

办案体会

通过本案的处理，我们有以下 3 点体会：

第一，找准法律依据，还原证据事实，是正确作出复议决定的前提基础。对于新形势下新出现的行政争议，面对新情况新问题，有时法律的规定并不十分明确。在处理本案的焦点问题时，行政复议机关除了坚持集体研究外，还要及时与相关部门进行联系、沟通、咨询、查证，就有关问题事项进行探讨、研究，依照法律与事实来判断是非曲直，确保依法、合理地处理案件，正确地作出行政复议决定。

第二，积极沟通、协调，争取理解支持，是顺利解决争议的有效途径。在处理本案过程中，行政复议机关积极运用沟通、协商、调解、和解等手段，力求化解行政争议。办案人员主动与当事人双方沟通联系，耐心细致地听取了当事人双方的陈述和申辩，做好必要的解释工作，争取当事人双方的理解和支持，通过充分沟通，使争议最终比较圆满地得到解决。

第三，坚持配合办案，发挥各自优势，是妥善处理复议案件的重要方式。在处理本案过程中，坚持实行行政复议机构与相关业务机构配合办案机制，主动邀请内部业务机构参与案件事实的调查、质证等审理活动，充分发挥相关单位的专业优势，对有关事实问题的认定请业务机构帮助把关，在法律适用、证据采信等方面则以行政复议机构为主，努力做到优势互补、形成合力，提高行政复议的办案质量和效率。

（财政部条法司提供）

第八编　行政复议决定

47　职权法定是依法行政的前提

——某公司不服某市房产管理局不予
办理房屋抵押登记案

基本案情

申请人：某公司（香港某银行）

被申请人：某市房产管理局

申请人与某物业投资有限公司（以下简称某物业公司）、某控股有限公司（以下简称某控股公司）均为境外注册成立的公司，三方在境外签订合同，约定由申请人作为贷款人向物业公司提供一笔贷款，某控股公司则用其合法拥有的位于国内某市的21套房产为申请人这笔贷款提供抵押担保。申请人与某控股公司向该市的房产管理部门即被申请人申请办理房产抵押登记手续。被申请人经审查后作出《关于某公司办理房产抵押登记的复函》（以下简称《复函》），以申请人依法不能在境内从事发放贷款业务为由，拒绝办理房产抵押登记手续。申请人对此不服，向市人民政府申请行政复议。

申请人认为，申请人是根据香港特别行政区法律设立并经营的境外金融机构，涉案贷款行为发生在境外，中华人民共和国法律法规并不要求境外金融机构在境外发放贷款亦须取得境内金融监管机构颁发的金融业务经营许可。被申请人用境内法律调整发生于境外的金融活动，要求境外金融机构在境外发放贷款亦应具备境内金融监管机构颁发的金融经营许可证，显然是错误的。申请人与抵押人某控股公司提出的抵押登记申请完全符合法定条件，被申请人应依法予以办理抵押登记。被申请人不予办理抵押登记的决定认定事实不清，适用法律依据错误。

被申请人认为，申请人申请办理抵押登记时没有提供其于境外发放贷款的相关证明资料，不能认定其发放贷款行为发生地在境外，亦不能认定其抵押贷款行为属于《银行业监督管理法》、《商业银行法》和《外资银行管理条例》所禁止范围。被申请人根据《物权法》及《房屋登记办法》的有关规定不予办理抵押登记，并无不妥。

行政复议机关认为，目前我国并没有法律法规对境外企业利用其境内资产为境外其他企业提供担保行为作出禁止性规定。本案涉及的三家公司均属在境外注册成立的公司，且申请人是在境外放贷，某控股公司利用其境内资产为申请人贷款提供担保并不违反我国法律法规和政策的规定。而且，申请人与某物业公司之间的借贷行为是否合法，并不属于被申请人办理房产登记的审查范围。被申请人以申请人依法不能从事发放贷款业务为由，拒绝为申请人和某控股公司办理房产抵押登记，理由并不充分。据此，行政复议机关制作了行政复议意见书，向被申请人指出《复函》存在的问题，提出纠正建议，被申请人收到行政复议意见书后，主动撤销了《复函》，并及时为申请人和某物业公司办理了房产抵押登记。申请人的问题得到了解决，自愿撤回了行政复议申请，行政复议机关终止本案行政复议。

焦点问题评析

一、申请人向某物业公司发放贷款的行为是否受到我国法律法规的调整

《商业银行法》第二条规定："本法所称的商业银行是指依照本法和《中华人民共和国公司法》设立的吸收公众存款、发放贷款、办理结算等业务的企业法人。"《公司法》第二条规定："本法所称公司是指依照本法在中国境内设立的有限责任公司和股份有限公司。"可见，

《商业银行法》仅适用于在我国境内依照我国法律设立的商业银行。本案申请人是根据香港特别行政区法律设立并经营的境外金融机构，其发放贷款的行为也发生在境外。因此，申请人在境外向某物业公司发放贷款的行为不属于我国法律法规调整的范围。

二、我国法律法规是否允许控股公司利用其合法拥有的我国境内资产为申请人提供贷款担保

《担保法》第二条规定："在借贷、买卖、货物运输、加工承揽等经济活动中，债权人需要以担保方式保障其债权实现的，可以依照本法规定设定担保。本法规定的担保方式为保证、抵押、质押、留置和定金。"中国人民银行1996年公布的《境内机构对外担保管理办法》第二条规定："本办法所称对外担保，是指中国境内机构（境内外资金融机构除外，以下简称担保人）以保函、备用信用证、本票、汇票等形式出具对外保证，以《中华人民共和国担保法》中第三十四条规定的财产对外抵押或者以《中华人民共和国担保法》第四章第一节规定的动产对外质押和第二节第七十五条规定的权利对外质押，向中国境外机构或者境内的外资金融机构（债权人或者受益人，以下称债权人）承诺，当债务人（以下称被担保人）未按照合同约定偿付债务时，由担保人履行偿付义务。"

目前，对于境外机构或个人利用境内资产为境外债权人提供担保的行为，我国没有法律、法规、规章或者规范性文件予以规范，即我国法律法规没有禁止境外机构或个人利用境内资产为境外债权人提供担保的行为。

根据"法律没有禁止的，视为同意"的一般民事行为准则，鉴于目前我国法律法规并没有禁止境外机构或个人利用境内资产为境外债权人提供担保的行为，应当视为允许某控股公司利用其境内资产为申请人贷款提供担保。

三、被申请人是否有权对申请人的借贷行为进行审查

本案中，某控股公司利用其拥有合法产权的21套房产为申请人提供担保，并不违反我国法律法规和政策的规定。根据《房屋登记办法》的规定，申请人向某物业公司贷款的行为，并不属于房屋登记时

应当审查的范围。按照职权法定、依法行政的要求，被申请人在审查办理房屋登记时，不应以审查范围外的事由拒绝办理房屋登记。

办案体会

本案涉及行政机关如何正确行使职权的问题。我们认为，依法行政就是要求行政机关在实施行政管理行为时，必须正确理解和适用法律规定，准确界定相关当事人的行为性质，严格按照法律规定的权责、权限和程序实施行政管理。对于履行本部门职责过程中发现的本部门职责管理范围外的涉嫌违法行为，应进一步加强行政机关之间的协调与联动，既要防止不作为，又要防止乱作为；既要坚持执法主体合法、不能超越法定职责，又要及时通报、加强联动，确保对违法行为及时制止、及时查处。本案中，行政复议机关在查明案件事实、理清法律关系、准确把握依法行政内涵的基础上，通过制作并下发行政复议意见书，督促有关行政机关限期自行纠正不当行政行为，并对行政机关如何进一步规范行政行为提出意见和建议。通过落实行政复议意见书制度，既及时解决了申请人的问题，也达到了行政复议规范行政行为的目的。同时，行政机关按照行政复议意见书的要求及时主动纠错也有利于缓解与相对人的对立关系，构建和谐的社会关系。

（广西壮族自治区南宁市人民政府法制办公室提供）

着力化解矛盾纠纷，维护群众合法权益

—— 李某不服某乡人民政府林地
权属争议处理决定案

基本案情

申请人：李某

被申请人：某乡人民政府

第三人：柴某

申请人因林地权属争议对被申请人作出的林地权属争议处理决定不服，向县人民政府申请行政复议。

申请人认为，争议林地与其保管使用的"曹口"林地是一块林地，其持有的 N0109307 号林权证登记的"曹口"林地的四至界限包括了争议林地。被申请人作出的林权争议处理决定改变了申请人经依法登记的"曹口"林地的四至界限，将争议林地确权给第三人，侵犯了申请人的合法权益，应当予以撤销，并将争议林地确权给申请人。

被申请人认为，在划分林地时，争议林地中只有零星树木，并没有作为林地划分，而是作为耕地划分给第三人的，第三人撂荒后才形成的山林。申请人所登记的"曹口"林地的四至界限中东方边界不准确，应当予以更正。

行政复议机关认为，《林木林地权属争议处理办法》第六条规定，县级以上人民政府依法颁发的森林、林木、林地的所有权或者使用权证书是处理林权争议的依据。县人民政府依法颁发给申请人的 N0109307 号林权证中记载的"曹口"林地，四至界限清楚，与现场实际完全吻合，界限标志物明确，包含争议林地。被申请人认为争议林地是作为耕地划分给第三人的、由于第三人撂荒才形成的山林，缺乏证据支持。因此，被申请人作出的林权争议处理决定认定事实错误，应当予以撤销，并将争议林地确权给申请人保管使用。

焦点问题评析

一、争议林地是否耕地撂荒而成

争议林地面积不足一亩，东北方向是第三人的耕地，西南方向是申请人的山林。从争议林地里树木的密度和长势上看，与申请人保管使用的"曹口"林地没有明显区别。同时，争议林地面积很小，假如是第三人撂荒形成，为什么只撂荒一小块，而没有整块土地撂荒？所以，撂荒形成林地的说法并不符合常理。被申请人认为争议林地是作为耕地分给了第三人、由于第三人撂荒才形成的山林，提供了一些调查笔录作为证据，但是这些被调查人均没有说明撂荒的具体经过和事实，只是认为争议林地是属于某一方所有，证明力明显不足。因此，被申请人认为争议林地是耕地撂荒形成的，缺乏证据支持，与实际不符合。

二、申请人的"曹口"林地是否包括争议林地

争议林地的四至界限中，东：柴某（本案第三人）熟土，西：干沟。申请人持有的林权证的"曹口"林地四至界限中，东：柴某（本案第三人）熟土。从现场地形来看，争议林地的西方是一条非常明显的干沟，假若申请人"曹口"林地东方的边界是干沟，由于干沟是易于识别的标志物，村组干部在填发林权证时应该将申请人"曹口"林地东方界限填写为：干沟，而村组干部没有这样填写。这充分说明申请人的"曹口"林地的东方界限不是"干沟"，"曹口"林地的四至界限记载并无错误，因此申请人的"曹口"林地应当包括争议林地。

三、行政复议决定是否要明确争议林地的权属

本案涉及的申请人与第三人的林地权属纠纷由来已久，有关机关作了多次处理，但是一直没有解决：2001年，被申请人第一次将争议林地确权给申请人保管使用，在第三人向县人民政府申请行政复议时因没有提交答复意见而被撤销；2007年，被申请人第二次将争议林地

确权给第三人，后被人民法院撤销；2008 年，被申请人第三次将争议林地确权给第三人，申请人不服又向县人民政申请行政复议。本案争议时间较长，相对人在历次争议处理过程中花费了很大的精力和成本，怨气较大。为了及时化解矛盾，真正维护群众的合法权益，行政复议机关进行了深入调查，全面查清了争议林地的权属，撤销了被申请人的处理决定，并直接在行政复议决定中对争议林地的权属进行了明确。

办案体会

一、查清现状是正确处理林地权属争议的关键

由于土地制度改革时，农户承包的土地、林地地块较多，地块面积较小，加之所颁发林权证中四至界限记载不够明确，经过几十年变迁后，引发了很多争议。本案林地权属争议双方，一方是林地，另一方是土地，林地与土地相连，在承包 15 年后发生了争议。一方认为争议林地是自己的土地撂荒形成，另一方认为是一开始就划给了自己的林地。对于这类案件，应当认真进行现状调查，充分考虑争议林地的地形特点、林木长势，结合权属凭证的文字记载作出正确的裁断。

二、行政复议制度的根本价值，在于化解矛盾纠纷、维护群众的合法权益

根据有关法律法规的规定，林地权属争议经有权机关裁决后，可以申请行政复议，对行政复议决定不服可以向法院起诉。实践中，行政复议尤其是行政诉讼往往只对行政机关就林地权属争议所作的处理决定是否合法进行审查，对争议本身并不进行裁断，对于存在问题的林地权属争议处理决定，撤销后仍要由原处理机关重新处理，相对人对重新处理决定不服的，还得再走一遍甚至多遍复议和诉讼的程序。这样一来，一起林地权属争议要最终解决，往往要历经很长时间、多次反复的处理。在这个过程中，相对人需要花费巨大的成本和精力，苦不堪言，即使到最后官司赢了，在权益维护上还是输家。因此，行政复议机关审理林地权属争议案件，尤其是历经时间较长的林地权属争议案件，应当从解决争议、真正维护群众合法权益出发，积极创新

行政复议决定方式，在全面深入调查，充分听取相对人的意见，准确查明争议地块的权属的基础上，依法对行政争议作出处理的同时，对权属争议作出正确的裁断。这样才有利于及时化解矛盾纠纷、减少相对人诉累，也是维护群众合法权益、促进社会稳定的真正体现。

（重庆市彭水苗族土家族自治县人民政府法制办公室提供）

49 行政执法应当充分考虑合理性原则

——某面粉加工厂不服某县人民政府行政处罚案

基本案情

申请人：某面粉加工厂

被申请人：某县人民政府

某面粉加工厂建于1988年。2010年9月，该县环保部门接到群众投诉申请人噪声粉尘污染影响周围居民生活。执法人员到该企业进行了调查，并下达环境违法行为限期改正通知书，责令申请人建设配套防治污染设施。整改期间，经检测申请人厂界噪声超过标准。被申请人根据《环境噪声污染防治法》第五十二条第二款的规定作出《某县人民政府关于对某面粉加工厂实行关停决定》。申请人对该处罚决定不服，向行政复议机关申请行政复议。

申请人认为，被申请人认定申请人在生产经营中造成粉尘和噪声污染，但没有告知申请人违法的具体事实，其对申请人作出的处罚决定违反了《行政处罚法》第三十一条的规定。申请人在《环境噪声污染防治法》实施前已经从事生产经营，按照环保部门的要求建设了相应的配套防治污染设施，并且还将进一步整改，直至达到环保的要求，而且申请人不是在居民区内开办的持续产生污染的企业，被申请人对申请人作出关停决定不适当，处罚畸重。

被申请人认为，申请人的生产厂房位于城市居民区内，对周围环境造成了噪声及粉尘污染。在限期整改期间，申请人只对粉尘污染采取了简单防护措施，其噪声污染仍超过国家规定，该事实有某县监测站监测分析报告单和市环境监测中心站监测报告等证据予以证实。根据《环境噪声污染防治法》和《某省环境保护条例》的规定，对申请人作出关停决定是合法的。

行政复议机关认为，申请人存在违法事实，被申请人依法有权对其实施行政管理措施。但是被申请人作出的关停决定处罚过重，不符合行政法基本原则，并且在作出处罚决定前没有告知申请人申请听证的权利，程序违法，依法应当予以撤销。

焦点问题评析

本案的焦点问题是：对申请人作出关闭的决定是否合法、适当。

《环境噪声污染防治法》第五十二条规定："违反本法第十七条的规定，对经限期治理逾期未完成治理任务的企业事业单位，除依照国家规定加收超标准排污费外，可以根据所造成的危害后果处以罚款，或者责令停业、搬迁、关闭。"本案申请人对周围环境造成噪声污染事实清楚，整改后仍超过噪声排放标准，被申请人依据该规定对申请人处以关停处罚，法律上有依据，但是却违反了行政法律的基本原则，也不符合依法行政的要求。《行政处罚法》第四条规定，实施行政处罚要与违法行为的事实、性质、情节以及社会危害程度相当。《全面推进依法行政实施纲要》要求，行使自由裁量权应当符合法律目的，排除不相关因素的干扰；所采取的措施和手段应当必要、适当；行政机关实施行政管理可以采用多种方式实现行政目的的，应当避免采用损害当事人权益的方式。上述规定和要求体现了行政法律中的公正原则、过罚相当原则和比例原则，这些原则作为实施行政行为的基本准则，应当在行政管理的各个环节普遍适用和遵守。按照法律规定，对造成环境污染的单位实施行政管理的手段有责令限期治理、加收排污费、罚款或者责令停业、搬迁、关闭等多种方式，被申请人应当根据申请人违法行为的性质、情节及社会危害程度，采取适当的行政管理手段。申请人从事的是粮食加工行业，不属于冶金、化工、石化、煤炭、火电、造纸、制药、发酵、纺织等重污染行业，因其经常在夜间生产影响周围居民休息，引起居民投诉，行政机关对其处罚的主要目的是解决扰民问题，不应导致直接关闭该企业的后果。作为行政机关，被申请人对申请人负有监管和保障双重职责，既要对申请人的违法行为依法管理，也应为其创造良好发展环境，帮助解决企业发展中遇到的实际问题，依据当地城市规划、工业企业布局情况以及经济社会发展水平等情况，综合考虑对申请人实施何种行政管理措施。如果申请人具备治理条件，应当准许其限期治理或者责令停业，达标后再允许其恢复生产；如果企业难以就地治理但可以搬迁，被申请人应当要求其搬迁，并为其提供必要的搬迁条件；如果申请人既难以就地治理又不具备搬迁条件才予以关闭。但是被申请人在处理该案过程中，没有对申请人是否具备就地治理的条件进行论证，也没有与申请人讨论企业搬迁的可行性，没有充分运用其他可以采取的管理方式，直接作出了使申请人权益遭受最大损害的关停处罚，申请人为此受到的损害超过了该行为所要达到的行政目的。此外，关闭企业还会带来职工失业、税收减少等不利后果，增加解决此事的社会整体成本，这也是政府作出决定时应当加以考虑的。

办案体会

一、行政管理方式要体现当地科学、长期发展规划，服务于整体目标

本案反映了我国各地普遍存在的一个现象，就是发展没有科学的长期的目标，政府在进行社会管理时，过多看重眼前利益。申请人企业建于1988年，当时其位于城镇周边，附近没有居民区。随着社会经济发展，城镇规模不断扩大，10年后，该企业已被居民楼包围，形成其建在居民区中的现实。从该企业创建发展过程来看，反映了政府在行政管理中的不足，该企业建厂的选址没有考虑到城镇今后发展，在该厂周边建设居民住宅时，没有对企业进行搬迁，此次在企业与周围居民发生纠纷时，采取了直接关闭企业的方式。从上述事实可以看出，政府在管理时从当前角度出发，只图眼前省事，这样带来的后果是，如果将来出现问题，解决它要花费更大的成本。因此，采取何种行政管理方式需要一个整体发展目标来指导，各职能部门的执法行为要围

绕这一目标来实施。

二、发挥行政复议内部层级监督优势，进行协调处理，有利于更好地解决争议

行政复议是行政机关内部层级监督制度，具有方便群众、快捷高效、方式灵活等特点，更利于争议各方观点的理解和沟通。在行政复议审查过程中，我们就关停企业的处罚决定是否适当与被申请人进行了沟通，并指出了其程序违法的问题，说明如果由行政复议机关作出撤销决定，被申请人再作其他处理，申请人也很难接受，建议其自行撤销。同时，我们也对申请人指出了其自身的违法事实，使其知道相应的法律后果。经过积极协调，被申请人与申请人达成共识，被申请人撤销了关停企业的处罚决定，并同意在条件允许时支持申请人搬迁；申请人也保证不再夜间生产，积极配合被申请人做好居民工作，撤回了行政复议申请。

（黑龙江省齐齐哈尔市人民政府法制办公室提供）

50 加大合理性审查力度，有效化解行政争议

——郭某不服某公安分局行政处罚案

基本案情

申请人：郭某

被申请人：上海市公安局某分局

申请人不服被申请人于 2010 年 12 月 14 日认定其实施了赌博违法行为，对其作出行政拘留 10 日、并处罚款 500 元的行政处罚决定，向行政复议机关申请行政复议。

申请人认为，其并未参与赌博，被申请人对其作出的行政处罚决定认定事实错误。

被申请人认为，2010 年 12 月 13 日，申请人在上海市某游戏机房内利用游戏机进行赌博，有申请人本人陈述、检查笔录、物证及鉴定结论等证据予以证实，根据《治安管理处罚法》第七十条规定，对申请人处以行政拘留 10 日、并处罚款 500 元的行政处罚决定，认定事实清楚、证据确凿、适用法律正确、程序合法。

行政复议机关认为，被申请人认定主要事实不清、证据不足，根据《行政复议法》第二十八条第一款第三项第一目规定，决定撤销原行政处罚决定。同时，行政复议机关针对本案中发现的其他问题，向被申请人下发了行政复议意见书。

焦点问题评析

一、被申请人作出的行政处罚决定认定事实不清、证据不足

本案中，被申请人认定申请人实施了赌博违法行为所依据的证据如下：

1. 申请人本人供述：12 月 13 日晚，在游戏机房用"名门天下"游戏机赌博，通过店里的工作人员董某上了 60 元钱的分数，没有玩就被抓获。

2. 证人董某证言：其系游戏机房工作人员，负责收钱、上分及兑换现金（未对申请人进行辨认）。

3. 检查笔录一份：被申请人接到匿名举报后当场查获 13 台游戏机、3 名工作人员及 11 名利用游戏机赌博的男子。

4. 民警朱某、顾某证言：证实申请人案发时在游戏机店被抓获。

5. 物证："名门天下"游戏机一台，以照片形式固定，申请人签名捺印承认其使用过。

6. 鉴定结论：文化部门出具的《游戏机内容审核意见书》，证明当日查获的 13 台游戏机经鉴定具有赌博功能，禁止在营业性场所使用。

从上述证据材料看，申请人虽是在该游戏机房内被抓获，但是除了申请人本人供述外，没有其他证据能够证明申请人是否实施了利用游戏机进行赌博的违法行为（其他证据仅能证明该游戏机房内被查获有赌博机及多名利用赌博机进行赌博的涉案人员）。而且在行政复议过程中，申请人也否认实施了上分押注的赌博行为。据此，被申请人仅凭申请人本人供述这一孤证，认定申请人实施了赌博违法行为并对其作出行政处罚决定，显属认定事实不清、证据不足。

二、被申请人作出的行政处罚决定适用法律不当

《治安管理处罚法》第七十条规定："以营利为目的，为赌博提供条件的，或者参与赌博赌资较大的，处五日以下拘留或者五百元以下罚款；情节严重的，处十日以上十五日以下拘留，并处五百元以上三千元以下罚款"。根据上述规定，对于赌博违法行为，在治安管理处罚上有两个层递式的处罚档次：一是赌资较大的赌博行为；二是赌资较大且情节严重的行为。本案被申请人对申请人作出行政拘留 10 日，并处罚款 500 元的处罚决定，从处罚的幅度来看，适用的是"赌资较大且情节严重"这一量罚档次。那么本案即使能够认定申请人实施了赌博行为，其情节是否达到严重的程度，是本案的又一焦点。

2006 年实施的《治安管理处罚法》较之前的《治安管理处罚条例》的显著变化之一在于对违法行为区分不同情节划定了不同的处罚幅度与档次，在一定程度上规制及约束了公安机关自由裁量权的行使。但鉴于全国各地经济发展水平的差异，《治安管理处罚法》中并未规定详细的认定标准。为了防止自由裁量权的滥用，保证治安管理处罚权的有序规范行使，各省（自治区、直辖市）根据本地区的实际情况纷纷制定了界定情节轻重的指导意见，如上海市公安局下发的《上海市公安局治安管理处罚裁量标准（试行）》（沪公发〔2010〕143 号文）。

根据《上海市公安局治安管理处罚裁量标准（试行）》（沪公发〔2010〕143 号文）之规定，个人赌资在 100 元以上的，可以认定为"赌资较大"、300 元以上才可认定为"情节严重"。本案中，即便根据申请人的供述认定其通过该游戏机房的工作人员上分押注 60 元进行了赌博，赌资为 60 元，该情形亦不符合裁量标准中关于赌博行为情节严重的标准。因此被申请人适用《治安管理处罚法》关于赌博行为情节严重的条款，作出处罚决定，属于适用法律不当。

办案体会

一、增强证据意识，提高行政执法能力

这起行政处罚案件，本来是一件比较简单的案件，但是由于被申请人的办案人员缺乏证据意识，未能全面、及时取证，最后导致行政处罚决定因认定事实不清、证据不足而被撤销。

经行政复议机关调查，本案现场为一无证的简易游戏机房，位于一个相对封闭的场所，除了 13 台具有赌博功能的游戏机外，没有其他的游戏机，与其他向公众开放的游戏机房存在显著差异，是一个专供他人赌博的赌博场所。案发当日现场的人员流动不大，所有参赌人员均需通过游戏机房的工作人员董某在机器上上分才能进行赌博。因此，案发时是可以通过董某对申请人是否参与了赌博作出辨认的。但是由于办案人员思想上的麻痹大意，证据意识不强，在申请人供述后，没

有再要求董某辨认，导致最后作出的行政处罚决定事实不清、证据不足。

二、强化行政监督职能，积极推动依法行政

行政监督是行政复议制度的重要职能。我国行政复议法律制度不仅要求行政复议机关依法公正裁决个案，纠正违法或者不当的具体行政行为，同时对办案中发现的其他执法问题，通过下发行政复议意见书的方式，责成有关行政机关及时采取改进措施，从整体上推动依法行政。

通过本案的审理，行政复议机关发现被申请人在案件处理过程中还存在以下问题：

一是处罚上存在畸轻畸重的现象。本案中被申请人共抓获 11 名涉嫌赌博人员，对包括申请人在内的 7 人处以行政拘留 10 日，并处罚款 500 元的处罚，而对另外 4 人仅处罚款 500 元。从案卷材料所反映的情况来看，上述人员赌资在 30 元到 150 元不等，违法情节相当，在没有其他考量情节的情况下，被申请人对全案的处理存在明显的失衡情形。

二是调查处理不深入、不彻底。对于赌博案件，参赌人员固然应当依法处理，然而开设赌场的幕后人员，其行为的危害性更大于一般参赌人员，更应当依法严惩。本案中，被申请人在对参赌人员进行处罚后，没有再对为赌博提供条件的人员进行调查处理，以至于开设赌场的游戏机店负责人在行政复议时仍逍遥法外。

为此，行政复议机关在对本案作出裁决的同时，就上述问题向被申请人下发了行政复议意见书，督促其采取改进措施，规范行政执法行为。

三、加大合理性审查力度，有效化解行政争议

行政复议属于行政法上的救济制度，其目的是防止和纠正违法的或者不当的具体行政行为，保护公民、法人和其他组织的合法权益，保障和监督行政机关依法行使职权。因此，化解纠纷应当是行政复议制度的主要功能。行政复议机关在办案过程中，应当明确自己的角色定位，在认真收集证据、查清案件事实，综合考量法律情节、社会影

响等因素，对具体行政行为的合法性、适当性进行全面审查的基础上，对案件作出稳妥的处理，从而有效化解行政争议。

在本案的办理过程中，虽然由于取证上的失误，导致认定申请人进行了赌博的证据不够充分，但是综合本案案发现场情形及申请人陈述，行政复议办案人员从内心上是确信申请人当日实施了赌博行为的。但是，对于赌资数额较小且为初犯的违法行为，是否有必要对其适用行政拘留这一限制人身自由的严厉罚种，是值得商榷的。同时，行政复议机关从侧面了解到，该行政处罚对申请人的工作、生活均带来了巨大影响，造成其被单位辞退，家中也因此事多次发生争吵，申请人多次找相关部门上访、信访，甚至产生了报复社会的想法。因此，行政复议机关在综合考量案件事实、证据材料、申请人行为性质和情节等各方面因素的基础上，撤销了行政处罚决定，并协助被申请人做好申请人的协调、安抚工作，从而有效化解了这起行政争议。

根据我国的立法、司法实践，行政诉讼一般不审查行政行为的合理性，而行政复议不仅审查具体行政行为的合法性，亦审查合理性。因此在行政复议过程中，加强对行政行为的合理性、适当性审查就显得更为重要。在构建社会主义和谐社会的理念指引下，要充分发挥行政复议化解行政争议的功能，对行政机关行使自由裁量权加大审查的力度，对一些因自由裁量权行使而引发的行政争议，在查明案情的前提下，综合行为人的主观恶性、情节、造成的损害后果及悔改表现等因素，合理行使自由裁量权，充分运用行政复议调解、和解手段，有效化解行政争议，实现法律效果与社会效果的统一。

（上海市公安局法制办公室提供）

51 依法作出撤销决定，维护群众合法权益

—— 吕某不服县人民政府收回
山林承包经营权案

基本案情

申请人：吕某

被申请人：某县人民政府

第三人：某村民委员会

2003 年 12 月、2005 年 9 月，第三人分别通过村务恳谈扩大会议、村民代表党员会议等形式，决定将已发包给本村农户经营管理的茶山、责任山全部收回经营管理，以筹集通村康庄道路建设资金。2006 年 1 月，第三人再次向各农户发出将承包到户的责任山无偿收归村集体经营管理的《征求意见书》，部分农户代表签字同意。2006 年 9 月 7 日，被申请人依据第三人的申请和《征求意见书》、村务恳谈扩大会议记录、《统管山清册》、公告等材料，向第三人颁发了缙林证字 (2006) 第 0254084 号林权证，确认包括申请人在内的全村各农户的责任山归第三人使用。申请人不服，向某市人民政府申请行政复议。

申请人认为，其丈夫严某 (已故) 于 1983 年与第三人签订《山林承包合同书》，承包经营的"彬树坳"等四片责任山在上述涉案山林范围内。被申请人向第三人颁发的缙林证字 (2006) 第 0254084 号林权证的行为严重侵犯了其权益，向某市人民政府申请行政复议，请求撤销缙林证字 (2006) 第 0254084 号林权证。

行政复议机关认为，村民的承包经营方案必须提请村民会议讨论决定。第三人就原承包到户的责任山无偿收归集体经营管理所作征求意见的行为，在形式上和程序上都不符合《村民委员会组织法》关于

召开村民会议的规定，没有形成村民会议决议。被申请人依据第三人的申请和《征求意见书》、村务恳谈扩大会议记录、《统管山清册》、公告等材料，向第三人颁发了缙林证字（2006）第0254084号林权证的具体行政行为，违反了《村民委员会组织法》第十七条第二款、第十九条第六项的规定。根据《行政复议法》第二十八条第一款第三项的规定，作出行政复议决定，撤销被申请人于2006年9月7日所作的向第三人颁发缙林证字（2006）第0254084号林权证的具体行政行为。当事人对行政复议决定没有提起行政诉讼。

焦点问题评析

本案涉及的焦点问题是：第三人收回山林承包经营权的程序是否合法？

申请人所在村共有105户，村民委员会征求意见的有82户，占78.1％，达到2/3的比例，其中77户同意收回责任山。但根据《村民委员会组织法》第十九条第六项规定，村民的承包经营方案，第三人必须提请村民会议讨论决定。同时，该法第十七条第二款规定了召开村民会议的具体要求。第三人的征求意见行为，在形式上和程序上都不符合《村民委员会组织法》关于召开村民会议的规定，不具有村民会议决议的效力。

中共中央、国务院《关于加快林业发展的决定》（中发〔2003〕9号）、中共浙江省委、浙江省人民政府《关于全面推进林业现代化建设的意见》（浙委〔2004〕5号）、中共浙江省委办公厅、浙江省人民政府办公厅《关于切实做好延长山林承包期工作的通知》（浙委办〔2006〕5号），以及《农村土地承包法》第四条、第十八条、第二十六条都明确规定，林地承包应当坚持长期稳定的方针，农户不愿继续承包的，由农户提出申请，可交回村集体经济组织另行发包，发包方不得强行收回；承包期内，承包方交回承包地或者发包方依法收回承包地时，承包方有权获得相应的补偿。申请人并未在《征求意见书》上签名同意，也未提出申请将其承包的责任山交回第三人。第三人根据部分农户代表《征求意见书》上的签字表示同意的意见，将申请人的责任山无偿收回，不符合法律规定。

办案体会

一、正确处理村民自治与严格执行国家法律的关系

目前依法召开村民会议客观上存在难度。有一些村就采取了上门签名、电话询问等方式替代村民会议。这些做法既不规范，也不合法。更应当引起重视的是，对"村民公约"、村民会议决议必须设立合法性审查纠正机制，凡是不符合国家法律和政策的必须坚决予以纠正，确保国家法律、政策在农村得到全面执行。

二、正确处理壮大集体经济与群众自愿的关系

在山林承包过程中，一方面，有的农户长期精心经营，所承包的山林收益可观；有的农户则由于承包的山林被征收、国家基础实施建设等原因，形成了一些直接或者间接的利益；有的农户由于疏于管理，致使所承包的山林荒芜。另一方面，由于多种原因，部分行政村集体经济极为匮乏，难以筹集公益事业建设资金，村集体违背群众意愿强行收回农户责任山也时有发生。这种现象如果不及时予以制止，就会妨碍土地（包括林地）承包政策的贯彻执行，影响社会和谐稳定。因此，在发展农村经济时，要正确处理好壮大集体经济与群众自愿的关系。

（浙江省人民政府法制办公室提供）

第九编　行政复议指导监督

52 制发行政复议意见书，规范行政执法行为
——孙某不服某市公安交通管理局行政处罚案

基本案情

申请人：孙某

被申请人：某市公安交通管理局

申请人从某电动车行购买了一台以电池作为驱动方式的二轮车（以下简称二轮车）。该车的质量防伪合格证标明内容为：苏氏电动自行车，车型中华龙（无刷），产品执行 GB17761－1999 标准。该车随车附带有"电动自行车使用手册"。2009 年 10 月 31 日 10 时许，被申请人民警巡逻时发现申请人骑行的二轮车前后均没有悬挂号牌，遂扣留了申请人的二轮车，并于当日作出《行政处罚决定书》，认定申请人驾驶的二轮车为摩托车，以申请人无证驾驶机动车、未悬挂机动车号牌为由，分别对其处以 500 元和 200 元罚款。申请人不服，向某市人民政府申请行政复议。2009 年 11 月 23 日，某市驾友交通事故鉴定中心根据被申请人 2009 年 11 月 18 日的委托出具了《车辆属性司法鉴定意见书》，鉴定意见为：本案所涉二轮车属于机动车中的"轻便摩托车"。

申请人认为，该二轮车为电动自行车，属于非机动车。被申请人认定该二轮车为机动车并以此为由对申请人作出的行政处罚属认定事实不清，证据不足，依法应予撤销。

被申请人认为，申请人骑行的二轮车超出国家规定的电动自行车标准，属于机动车中的两轮摩托车。被申请人作出的行政处罚决定认定事实清楚，证据确凿，程序合法，请求维持。

行政复议机关认为，被申请人在没有取得证据证明申请人骑行的车辆为机动车的情况下，即认定申请人实施了未取得机动车驾驶证驾驶机动车及驾驶无牌照机动车上路行驶的违法行为，属于认定事实不清、证据不足。被申请人在行政复议过程中，自行收集证据证明本案所涉车辆属性为机动车的行为违反法律规定，不符合"先取证，后裁决"的行政执法原则。被申请人在作出具体行政行为后取得的《车辆属性司法鉴定意见书》不能作为认定被复议具体行政行为合法的依据。

焦点问题评析

一、认定行政违法应坚持主客观相一致的原则

所谓主客观相一致的原则，就是要求行为人在主观上要有违法的故意或者过失，并且客观上也实施了违法的行为，才能认定行为人违法，二者相辅相成，缺一不可。本案中，一方面申请人所驾驶的二轮车是在正规的商店购买的，并且在购买时也查看了产品合格证和使用说明，做到了消费者应尽的注意义务，其有理由相信其驾驶的二轮车是电动自行车而非机动车。被申请人无法证明申请人在主观上明知其驾驶的二轮车为机动车这一事实。另一方面，虽然被申请人在行政复议期间取得了鉴定机构作出的鉴定结论，证明了在客观上申请人所驾驶的二轮车确属机动车，但该证据也因为违反了"先取证，后裁决"的原则而被排除。对于主观和客观方面的事实认定均缺乏有力的证据支持，是最终导致被申请人作出的具体行政行为被撤销的关键所在。

二、注重舆情汇集，充分发挥行政复议机关的监督职能，化解社会矛盾

在办理案件过程中，办案机构了解到，国家标准化管理委员会1999年出台了对于电动自行车的"国家标准"，但一些被许可生产电动自行车的厂家不执行国家标准，所生产的电动自行车速度、重量、

体积均超出国家标准，甚至符合机动车的某些特性。销售商在销售此类车辆时，均告知消费者此类车辆属于电动自行车，不需办理牌证即可上路行驶，有关管理部门对于此类车辆的市场销售亦没有予以禁止，而消费者又不具备辨别骑行此类车辆是否需要取得机动车驾驶证的能力，并且基于管理部门不禁止即合法的心态购买此类车辆，从而导致因骑行此类车辆受到公安交通管理部门处罚。管理部门对电动车销售监管的缺失，导致超标准电动自行车大量进入市场并流向社会，带来极大的交通安全隐患，引发了公安交通管理部门对消费者的"不适当"处罚，并因此产生公安交管部门无法对此类车辆依法进行登记管理等社会问题，种种错综复杂的社会问题交织在一起，如果处理不好，极易诱发新的社会矛盾，影响到社会和谐稳定。为此，办案机构及时向市政府报告，并由市政府下发了《行政复议意见书》，要求工商部门在全市范围内开展一次对电动自行车市场秩序的专项整治行动，确保合格产品准入，对不符合国家标准的电动自行车公告退市，有效维护了电动自行车市场的持续、健康发展和社会的和谐稳定。

办案体会

《行政复议法实施条例》第五十七条规定，行政复议机关可以向有关机关提出纠正相关行政违法行为或者做好善后工作的意见书制度，其立法目的就是要充分发挥行政复议机关的监督职能，有效化解行政争议。本案中，行政复议机关在办理行政复议案件过程中，着眼大局，面对错综复杂的社会问题，及时作出应对措施，取得了良好的社会效果，这也正是本案的最大亮点。2011年5月，国家公安部、工业和信息化部、国家工商行政管理总局、国家质量监督检验检疫总局等四部委联合下发了《关于加强电动自行车管理的通知》，首次提出：在全国范围内对电动自行车实行登记管理。同时要求各地政府要结合本地实际，设定"超标"电动自行车的过渡期限，限期淘汰在用"超标"电动自行车。充分说明在全国范围内对于电动车的管理存在很多问题，急需规范。本案中，行政复议机关通过对行政复议案件的事后监督，在四部委《关于加强电动自行车管理的通知》下发前已对某市电动自行车的市场监管和相关交通管理进行了相应规范，体现出较好的责任意识。

（黑龙江省哈尔滨市人民政府法制办公室提供）

53　通过行政复议审理规范土地储备行为

——王某等人不服某市人民政府 土地储备批复案

基本案情

申请人：王某等 11 人

被申请人：某市人民政府

2009 年 11 月 20 日，申请人通过申请政府信息公开的方式，得知某市人民政府批准该市国土资源局作出《市国土资源局关于同意开展土地前期工作的批复》（以下简称《批复》）。该《批复》称：1. 因城市总体规划和城市建设需要，根据《某市中心城区 2009 年度经营性用地收储及前期开发计划》、市发改委相关批复及市规划局《建设用地规划许可证》内容，同意该市土地储备中心对本案争议地块依法进行拆迁安置补偿和前期开发工作。2. 该批准书仅限于实施拆迁安置补偿和前期开发，不得作为土地使用权凭证。3. 前期工作完成后，原土地证依法注销，土地使用权由政府收回。申请人的房屋位于该市沿江区沿江北路南侧，在该批复批准的开展前期工作的争议地块范围内。申请人不服该批复书，遂申请行政复议。

申请人认为，被申请人批准作出的《批复》不合法。理由是：《土地管理法》第十三条规定，依法登记的土地的所有权和使用权受法律保护，任何单位和个人不得侵犯。申请人的房屋是通过房地产买卖所得，依法办理了土地使用权登记手续，应当受到法律的保护。申请人房屋所在的小区系 2002 年 7 月建成并交付使用的纯商品房，土地性质为出让取得，使用年限至 2070 年，申请人等居民入住该小区最长的才 7 年左右时间。被申请人没有收回国有土地使用权，收储小区土地不符合法律规定。

被申请人认为，案件争议的火车站北广场周边地块已经列入了2009 年度储备计划，作出本案《批复》的主要目的是为了实施土地储备，并用于办理相关拆迁许可。根据《土地储备管理办法》第二条、第六条的规定，市政府批准市国土局作出《批复》符合法律规定的前提条件。同时根据《土地储备管理办法》第九条的规定，市、县人民政府国土资源管理部门实施土地储备计划，应编制项目实施方案，经同级人民政府批准后，作为办理相关审批手续的依据。市国土局编制了相关《建设用地项目呈报材料》，经市人民政府批准后，可作为办理拆迁许可证的依据。根据《市发改委关于火车站北广场周边地块土地收储和前期开发项目可行性研究报告的批复》、市规划局《建设用地规划许可证》及市土地收购储备中心《关于办理火车站周边地块土地收储和前期开发项目建设用地手续的请示》，市国土局经市人民政府批准，颁发《批复》，符合法律规定的程序。

行政复议机关认为，被申请人作出的《批复》认定事实不清，适用法律错误，依法予以撤销。

焦点问题评析

一、土地储备并进行前期开发，应首先依法取得土地

本案未履行收回程序，直接批准前期开发，违反相关规定。国土资源部、财政部、中国人民银行于 2007 年 11 月 19 日联合制定公布的《土地储备管理办法》规定，土地储备是指市、县人民政府国土资源管理部门为实现调控土地市场、促进土地资源合理利用目标，依法取得土地，进行前期开发、储存以备供应土地的行为。该办法第十条规定，下列土地可以纳入土地储备范围：（一）依法收回的国有土地；（二）收购的土地；（三）行使优先购买权取得的土地；（四）已办理农用地转用、土地征收批准手续的土地；（五）其他依法取得的土地。本案申请人 2002 年以后陆续取得争议土地的 70 年使用权，被申请人如果确因实施城市规划进行土地储备，必须进行适当补偿后依法收回土地使用权，才能将争议地纳入储备范畴，并进行前期开发。因此，

218

被申请人未实施土地收回行为，而直接将争议地纳入土地储备，违反了上述规定。

二、土地储备计划与城市规划不应频繁改变

申请人反映，其居住的小区系 2002 年 5 月建成并交付使用的纯商品房，土地使用年限至 2070 年，申请人入住该小区时间最长的才 7 年左右。土地储备计划与城市规划的频繁改变，给申请人生活带来极大不利影响。

《江苏省国有土地储备办法》第五条规定，下列国有土地可以通过依法无偿收回或者依法补偿收回后纳入储备：（一）土地出让等有偿使用合同约定的使用期限届满，土地使用者未申请续期或者申请续期未获批准的土地；（二）因单位撤销、迁移等原因停止使用原划拨的国有土地；（三）经核准报废的公路、铁路、机场、矿场等用地；（四）依法收回的闲置土地；（五）土地违法行为被查处后依法收回的土地；（六）为公共利益需要使用的土地；（七）为实施城市规划进行旧城区改建，需要调整使用的土地；（八）其他依法收回的土地。第六条规定，下列国有土地可以通过收购纳入储备：（一）土地使用权转让申报价比标定地价低 20% 以上，由政府优先购买的土地；（二）以出让方式取得土地使用权后，在法定期限内未按照出让合同约定开发的土地；（三）土地使用权人申请政府收购的土地；（四）政府为实施城市规划指令收购的土地；（五）其他依法收购的土地。

本案可能涉及的是第五条第六项、第七项，第六条第四项的规定。说其可能，是因为被申请人作出本案批准行为时，并没有言明是为公共利益需要使用土地，还是为实施城市规划调整使用或者指令收购。如果确实为公共利益所储备，应当按《土地管理法》第五十八条第一款第（一）项规定，直接补偿后收回。如果是实施城市规划，本案被申请人既没有提供前后规划不同用途的事实依据，也没有提供根据《城乡规划法》规定修改控制性详细规划所必须有的告知、听证、听取意见的相关材料。反而是根据《某市中心城区 2009 年度经营性用地收储及前期开发计划》而来，只注重了经营性用地，完全忽视了申请人等的合法权益，更没有负起一个地方政府应该让自己辖区的居民生

活安定，有安全感、稳定感、舒适感的责任，也从另一个方面显露出政府从服务城市、管理城市异化到经营城市的错误理念。

办案体会

土地储备制度正受到越来越多的关注，引发越来越多的探讨。土地储备中不规范行为对民生的影响不容忽视。

土地储备实际上由土地收购——土地储备——土地出让（供地）环节构成：第一个环节，土地储备机构依据政府的政令，收购经征收的原农村集体土地或者收购城市居民、单位占有的国有土地；第二个环节，土地储备机构按照土地利用总体规划和城市规划，对土地进行前期开发整理并予以储备；第三个环节，将储备的土地通过各种方式供给用地者——最多的是房地产开发商。所谓土地一级市场，通常就是土地储备机构在操作。由于土地储备引起的纠纷、矛盾非常突出，国土资源部下发通知，要求2011年3月底前，土地储备机构必须与其下属和挂靠的从事土地开发相关业务的机构彻底脱钩。各地国土资源部门及所属企事业单位都不得直接从事土地一级市场开发。

国土资源部2010年4月29日在北京召开了《土地管理法》修改专家论证会。会上一个焦点问题就是政府土地储备制度改革。自1996年上海市成立我国第一家土地储备机构——土地发展中心后，杭州、厦门等大中城市也先后成立了土地储备机构，目前已累计成立2000多家。2003年，江苏省出台《江苏省国有土地储备办法》；2007年底，国土资源部、财政部、中国人民银行在中央政府调控房地产市场的组合政策中，联合制定公布了《土地储备管理办法》。但时至今日，国家还没有制定一部全国通用的有关土地收购储备的法律法规。

2010年9月，江苏省发改委专门发文规范投资项目管理中的行政行为。省发改委明确，按照国务院《全面推进依法行政实施纲要》中合法行政、合理行政的要求，今后，地方各级发展改革部门如果审批土地整理及拆迁安置"项目"、土地储备及前期开发"项目"或者其他类似"项目"，必须要有合法的行政审批依据。该规定缘起于近年来部分市、县发展改革部门，在没有法律、法规和规章明确规定的情况下，将土地整理及拆迁项目、土地储备及前期开发作为政府投资的固定资产投资项目进行审批。然而，根据国务院《关于投资体制改革的决定》（国发〔2004〕20号）以及固定资产投资项目的有关规定，土地整理及拆迁安置或者土地储备及前期开发"项目"，不属于固定资产投资项目。地方政府要求发展和改革部门办理此类项目，没有法律依据。因此，要规范土地储备行为，化解土地储备过程中的矛盾，就要对储备过程中发生的一系列相关行为统筹考虑，而不能撇开土地储备的前提和用途，单纯"就储备论储备"。

（江苏省人民政府法制办公室提供）

54 通过行政复议审理规范行政许可行为

——邹某不服某公路运输管理局行政许可案

基本案情

申请人：邹某，某县道路客运经营户

被申请人：某省公路运输管理局

第三人：某市远途运输有限公司

申请人邹某作为行政许可利害关系人，认为被申请人某省公路运输管理局颁发给第三人某市远途运输有限公司经营一类客运班线的行政许可证违法，侵害了其合法权益，于 2009 年 4 月 10 日向某省交通厅申请行政复议。

申请人称，第三人某市远途运输有限公司自成立以来，营运车辆没有达到 100 辆以上，其中高级车也没有达到 30 辆以上，根据交通部公布的《道路旅客运输及客运站管理规定》，第三人不具备经营一类客运班线的资格。被申请人在 2009 年 3 月 2 日许可第三人经营一类班线客运，因此，该行政许可行为违法。申请人请求行政复议机关撤销被申请人对第三人从事一类客运班线的行政许可。

被申请人称，2008 年 11 月第三人向被申请人提出要求认定其一类客运班线经营资质，并提交了 106 台自有营运客车的行驶证和道路运输证等资料复印件，其中高级客车 36 台。某县运管所均已复核并在上报资料侧缝盖章。收到第三人上报的车辆资料后，被申请人于 2008 年 12 月认真进行了审核。在审核时扣除了不符合要求的 5 台车、经营者投诉已报废的 10 台车，并核查出有 17 台车实际应核定为中级车，因此当时认定车辆总数为 91 台，高级客车数为 20 台。2009 年 1 月，第三人申请更新车辆 11 台，经核查，该 11 台车均为大型高一级客车。因此截至 2009 年 1 月，被申请人认定第三人自有营运客车 102 台，座位达到 3000 个, 高级客车 31 台, 座位达到 900 个。2009 年 3 月 2 日被申请人作出一类客运班线经营的许可决定。

行政复议机关经审理查明, 2008 年 11 月被申请人受理了第三人提出恢复某一类客运班线申请后, 被申请人对其进行许可前置的审核, 认定截至 2009 年 1 月第三人通过车辆更新, 该公司自有营运客车 102 台, 高级客车 31 台, 认定具备经营一类客运班线的法定资质和其他条件, 为其办理了某一类客运班线的行政许可。但第三人自有的 31 台高级客车中, 有 13 台高级客车的核定, 是由第三人所在地的市、县道路运管机构核定的, 这些车辆的部分技术参数没有达到高一级客车标准要求, 而被申请人仍将这 13 台车认定为 "高级客车"。

行政复议机关认为, 第三人的 31 台 "高级客车" 中有 13 台部分技术参数没有达到高一级客车的标准, 故不具备经营一类客运班线的法定资质条件。被申请人于 2009 年 3 月 2 日批准第三人从事某一类客运班线的行政许可, 不符合相关法律法规和规章的规定。行政复议机关作出行政复议决定: 确认被申请人 2009 年 3 月 2 日作出的允许第三人经营某一类客运班线的行政许可行为违法, 责令被申请人自收到行政复议决定之日起 20 日内, 作出限期第三人按照经营一类客运班线的要求整改, 整改期间第三人不得经营一类客运班线。整改期限届满第三人仍没有达到经营一类客运班线要求的, 被申请人应当依法撤销该行政许可行为。行政复议决定作出后, 申请人在法定期限内没有提起行政诉讼, 被申请人以及第三人按照行政复议决定的要求已经全部履行到位。

焦点问题评析

本案焦点问题是: 被申请人作出的行政许可行为是否合法。行政复议机关之所以确认被申请人作出的允许第三人经营某一类客运班线的行政许可行为违法, 其主要原因是被申请人作为行政许可的审批者, 没有严格按照《行政许可法》第三十四条的规定, 对申请人提交的申请材料进行实质性审查。国务院公布的《道路运输条例》赋予了道路运输管理机构对从事道路旅客运输者行政许可的审批职能，并规定经营一类客运班线的行政许可审批权在省道路运输管理机构。本案中，被申请人某省公路运输管理局收到第三人提交的从事一类客运班线的申请后，应当依法对申请材料进行形式和实质性审查。所谓形式性审查是指提交的申请材料是否齐全；所谓实质性审查是指提交的申请材料是否符合法定要求，即行政机关应当依法审查申请人提供的材料在内容上的真实性和合法性。本案中第三人在行政许可申请材料中提交的客车的拥有数量和车辆技术等级是否具有"合法性和真实性"应严格依法核实。所谓合法性是指第三人拥有的客车数量和车辆技术等级是否符合《道路旅客运输及客运站管理规定》的法定条件。所谓真实性是指第三人提交的客车数量和车辆技术等级情况是否真实可靠。《行政许可法》第三十四条第三款规定："根据法定条件和程序，需要对申请材料的实质内容进行核实的，行政机关应当指派两名以上工作人员进行核查"，这种"核查"工作《行政许可法》明确规定由行政许可机关实施。本案中的被申请人没有指派两名以上工作人员进行核查，而是依据行政许可申请人提交的材料（行政许可申请人所在地的运管机构在提交的客车数量和车辆技术等级材料上盖章证明），就认定提交的材料"真实可靠"。显然，被申请人在实施行政许可时，忽视了行政许可的法定程序。这个法定程序具有两个构成要件：（1）"根据法定条件和程序，需要对申请材料的实质内容进行核实"。此可称为"核实要件"，即由行政许可机关根据法定条件和程序对材料内容真伪作出核实决定。（2）"两名以上工作人员进行核查"。此可称为"实施要件"，即核查申请材料的真实性、合法性，必须由两名以上工作人员进行。无论是"核实要件"还是"实施要件"都必须由行政许可机关完成，否则，由于申请材料的真实性和合法性不符合法定条件而导致行政许可决定违法。本案中的行政许可机关正是没有指派两名以上工作人员对申请材料进行核查，轻信申请人所在地的运管机构在材料上"盖章证明"，将不真实的申报材料误认为"真实可靠"，导致作出的行政许可决定违法。

办案体会

　　随着《行政许可法》的深入实施，各省交通运输系统各级公路运管机构普遍建立并落实了道路客运行政许可审批的配套制度，取得了良好效果。但是，也有一部分交通运输管理机构忽视行政许可审批程序，认为程序太繁琐，而且是劳神费力的事情，把应当由自己把关的工作委托他人代办，行政许可审查的法定程序没有到位，导致违法行政，令人深省。本案启示人们，行政许可程序在实施行政许可的审查和决定的全过程中具有重要意义，它与行政处罚的法定程序一样，关键时刻将对行政行为是否违法的定性起关键作用。

（湖南省交通运输厅政策法规处提供）

55

发挥行政复议指导作用，积极应对专业性问题的投诉

——张某不服某省司法厅司法鉴定投诉处理案

基本案情

申请人：张某

被申请人：某省司法厅

申请人不服被申请人作出的《关于某司法鉴定所出具鉴定意见的调查回复》（以下简称《回复》），向司法部申请行政复议。

申请人认为，被申请人对某司法鉴定所违法开展司法鉴定活动的投诉不依法处理，违反了我国法律的有关规定，依法应予纠正，主要理由：一是某司法鉴定所对张小某（申请人张某之子）进行司法精神医学鉴定，违反了《刑事诉讼法》、《行政许可法》、《关于司法鉴定管理问题的决定》等相关规定；二是对违法开展司法鉴定活动的某司法鉴定所作出处理，是《关于司法鉴定管理问题的决定》、《司法鉴定机构登记管理办法》规定的被申请人的法定职责。

被申请人认为，其作出的《回复》认定事实清楚，证据确凿，适用依据正确，程序合法，主要理由：一是申请人所称被申请人"未作出任何不予受理信访投诉的决定"与事实不符。被申请人司法鉴定管理局收到申请人张某《关于请求贵厅敦促某司法鉴定所撤销不实鉴定结论的紧急申请》（以下简称《紧急申请》）后，依法作出了准确、详细的回复，并告知申请人维护其合法权益的救济途径；二是根据"新法优于旧法，特别法优于普通法"的原则，精神疾病的鉴定应当适用全国人大常委会 2005 年公布的《关于司法鉴定管理问题的决定》的规定。本案鉴定人运用专业知识，按照严格的鉴定程序，出具了鉴定意见书，并无违法之举。

行政复议机关认为，被申请人依法履行了职责，其《回复》内容适当，程序合法，根据《行政复议法》第二十八条第一款第一项的规定，行政复议机关作出维持被申请人《回复》的决定。

焦点问题评析

一、被申请人不存在不受理申请人投诉的情形

被申请人收到申请人及其委托律师提交的《紧急申请》后，于2010年11月19日派员对某司法鉴定所在办理张小某鉴定案的过程中有无违法违规行为进行了认真调查。2010年11月22日，被申请人作出《回复》，《回复》对申请人《紧急申请》中提出的问题一一进行了答复。综上，对于申请人关于被申请人对其投诉不予受理的主张，不应当予以支持。

二、某司法鉴定所具有开展法医精神病司法鉴定的资质

某司法鉴定所是经过被申请人依法登记设立的司法鉴定机构，其鉴定业务登记事项为：法医精神病司法鉴定。根据全国人大常委会《关于司法鉴定管理问题的决定》第一条的规定，对精神疾病的鉴定应由有资质的司法鉴定机构作出鉴定意见。本案中，某司法鉴定所属于有资质的司法鉴定机构，符合上述规定。

三、被申请人的调查行为符合相关规定

被申请人收到申请人及其委托律师提交的《紧急申请》后，对某司法鉴定所在办理张小某鉴定案过程中有无违法违规行为进行调查，并制作了《询问笔录》，确认某司法鉴定所鉴定程序合法。综上，对于申请人关于某司法鉴定所对张小某进行司法精神医学鉴定违反了全国人大常委会《关于司法鉴定管理问题的决定》第十二条之规定的主张，不应当予以支持。

四、被申请人的《回复》内容适当，程序合法

被申请人作出《回复》，确认某司法鉴定所鉴定资质和鉴定程序合法，并及时送达申请人，符合《司法鉴定执业活动投诉处理办法》的有关规定。

根据 2005 年 2 月 28 日全国人大常委会公布的《关于司法鉴定管理问题的决定》的规定，司法行政机关负责法医类、物证类和声像资料司法鉴定人和司法鉴定机构的登记管理工作。2010 年 4 月 8 日司法部公布的《司法鉴定执业活动投诉处理办法》对司法行政机关对当事人投诉司法鉴定人和司法鉴定机构在司法鉴定中的违法行为的调查处理程序进行了规定。本案中，被申请人受理、调查、答复均符合《司法鉴定执业活动投诉处理办法》相关规定，无论程序上还是实体上均确保了投诉处理行为的合法性。

办案体会

目前涉及司法鉴定投诉处理的行政复议申请有日趋增加的势头，在司法部近期办理的涉及司法鉴定投诉处理的行政复议案件中，发现有的司法行政机关对司法鉴定投诉处理过程尚存在一定瑕疵，需要进一步改进，主要有以下问题：

1. 根据《司法鉴定执业活动投诉处理办法》第九条规定，投诉材料内容包括"被投诉人的姓名或者名称、投诉请求以及相关的事实和理由，并提供司法鉴定协议书、司法鉴定文书等相关的证明材料"。此规定的原意为受理投诉的形式标准，"相关事实"的原意为提供线索即可，不应当让投诉人对被投诉人是否存在违法违规行为承担实体证明责任。因此，有的司法行政机关要求投诉人承担实体证明责任的做法不妥。

2. 根据《司法鉴定执业活动投诉处理办法》第十六条规定，司法行政机关受理投诉后，应当进行调查。调查应当全面、客观、公正……；第十七条规定，调查应当由两名以上工作人员进行，并制作笔录。调查笔录应当由被调查人签字或者盖章；不能签字、盖章的，应当在笔录中注明有关情况。但在实践过程中，有的司法行政机关受理投诉后，未依法进行全面、客观、公正调查，在固定证据等方面也存在问题。

3. 有的司法行政机关虽然进行了相应调查，但作出的司法鉴定投诉处理答复内容不完善，如对投诉人请求答复不全面，或者缺少已进行投诉调查核实的相关内容，或者缺少调查笔录等证据予以支持等等。

加强行政复议指导和监督是《行政复议法实施条例》的明确规定，办理行政复议案件，不能局限于就办案而办案。行政复议既是对行政相对人合法权益进行保护和救济的法定机制，也是行政机关内部的层级监督制度。对于行政复议案件中发现的行政执法中存在的普遍性问题，行政复议机构应当通过行政复议意见书等方式进行反馈，以促进执法规范，做到"办结一案，规范一片"。针对个别司法行政机关在司法鉴定投诉处理工作中存在的上述问题，司法部法制机构在办理行政复议案件的同时，以召开办案工作情况通报会等方式多次提出意见建议，促进依法行政，力求防患于未然。

（司法部法制司提供）

56

通过行政复议审理有效促进行政执法的合理性

—— 钱某不服某镇人民政府限期拆除
违法建筑决定案

基本案情

申请人：钱某

被申请人：某镇人民政府

申请人对被申请人作出的限期拆除违法建筑决定不服，向行政复议机关申请行政复议。

申请人认为，由于本人自建的房屋建盖时间较长，且常年受过往载重车辆震动的影响，致使房屋靠近公路一方的墙面多处开裂，墙体下沉，地板砖壳凸起，门窗变形破损，房屋整体松动下沉，存在较严重的安全隐患，因此自行拆除原有支撑柱体、封闭了整个阳台作为承重墙，以此来支撑靠公路一方不断下沉的墙体，若强行拆除，势必使该房屋处于极其危险的局面，被申请人忽略这些因素作出的限期拆除决定不合理，要求撤销或变更。

被申请人认为，申请人未经相关部门许可建盖房屋并擅自改变其结构，违法面积为 13.2 平方米，违反了《城乡规划法》第四十一条的规定，属违法建筑行为。被申请人根据《城乡规划法》第六十五条"在乡、村庄规划区内未依法取得乡村建设规划许可证或者未按照乡村建设规划许可证的规定进行建设的，由乡、镇人民政府责令停止建设、限期改正；逾期不改正的，可以拆除"，下达的行政处罚决定书事实清楚、程序合法、法律运用适当，建议行政复议机关维持其作出的行政处罚决定。

行政复议机关认为，经过与申请人当面交流及现场勘查，申请人所述情况基本属实。申请人违反了《城乡规划法》的有关规定，应当承担相应的法律责任。但是，如果对违法建筑简单给予拆除，必将带来严重的安全后果。因此，经向相关部门进行咨询，同时，还请规划师向镇政府相关领导仔细分析了强行拆除违法建筑带来的安全隐患。经过多次调解，申请人和被申请人达成了和解协议，妥善解决了矛盾。申请人自动撤回行政复议申请，行政复议机关作出行政复议终止决定书。

焦点问题评析

本案的焦点问题是：涉案房屋是否属于危房？

本案中，申请人一直强调其已向行政复议机关提供了相关证据材料说明该房属危房，存在很大的安全隐患以及对其进行加固、维修的必要性，而被申请人应当负不属危房的举证责任。被申请人则认为申请人已承认自己未经许可搭建违法建筑的行为，"危房"的说法只是一个托词，因其不能提供具有相关资质的房屋质量鉴定机构出具的鉴定报告，故不能采纳。

行政复议机关认为，《建设工程规划许可证》是有关建设工程的法律凭证。本案中，申请人事先申请办理《建设工程规划许可证》是其法定义务，不履行义务必然会给自己带来被动。但是，从申请人提供的照片资料以及现场勘查的实际证明，强行拆除违法建筑的确存在一定的安全隐患，只是存在危害程度需要经过专业机构鉴定才能确定。为了说服申请人和被申请人，行政复议机关建议由被申请人主动出面请相关专业机构对房屋进行鉴定评估。最终鉴定结果该房屋为危房，因申请人已对房屋结构做了改动，如强行拆除违法支撑部分，带来的安全危害和经济成本都会大于处罚本身，而由此带来的社会影响更与当初处罚目的相悖。最后，被申请人同意与申请人协商解决行政争议。

办案体会

一、行政执法应当坚持合法性和合理性的有机统一

行政执法合理性原则是指行政行为的内容要公平、公正、客观、适度、合乎理性，它是行政法治原则的一个重要组成部分。坚持行政执法的合法性和合理性的有机统一，是衡量行政执法部门执法水平的重要标准，也是全面提升行政执法部门管理水平的客观需要。要做到合法性和合理性的有机统一，应当考虑违法行为对社会的影响程度，对于社会危害和社会影响小或无社会危害影响的，应该视情况适当予以从轻处理。本案中，申请人申请行政复议的理由是：建筑行为发生在自家房屋范围内，而且这个行为是因为房屋本身存在安全隐患，出于维护公众和自身安全考虑的良好目的而产生，只是未按程序事前办理相关手续造成违法事实，因此不应对其进行强行拆除；被申请人强调申请人违反了相关法律规定，应当受到处罚。本案案情不算复杂，但对案件基本事实——该房是否属危房、强行拆除是否会造成安全危害的认定标准，法律、法规并无具体规定，必须对这一事实作出合法、合理的认定。因此，行政复议机关建议由被申请人请专业机构进行鉴定，用科学认定结果改变了被申请人的认识，从而促使被申请人对当初作出的行政处罚决定的合理性重新进行思考。

二、创新工作方式，多头并进解决行政争议

在本案中，行政复议机关没有停留在简单的材料审查层面，而是创新工作方式，多头并进解决行政争议：

首先，现场勘查，充分掌握第一手资料。针对申请人提出的焦点问题，行政复议机关深入现场勘查、取证，听取申请人邻居证言、证词，对涉案房屋的状况有了直观了解，为下一步工作打下基础。

其次，邀请专业人员参与，提高办案说服力。在本案中，因涉及对房屋鉴定、评估等专业问题，行政复议机关主动邀请规划部门专业人员参与案情分析，说服被申请人主动请相关专业机构进行安全鉴定，取得具有权威性和说服力的证明材料。

最后，积极引入调解机制，圆满解决行政争议。在掌握基本案情的基础上，行政复议机关根据《行政复议法实施条例》的规定，积极引入调解机制。本案中行政复议机关多次与申请人沟通，进行案情调查，并召集被申请人、相关部门和专业人员进行案情分析，矛盾排查，最终促成案件得以圆满解决，达到"定纷止争、案结事了"的目标。

（云南省安宁市人民政府法制办公室提供）

57 通过行政复议审理规范行政决定送达行为

——李某不服某市城市管理综合执法局 行政处罚决定案

基本案情

申请人：李某

被申请人：某市城市管理综合执法局

申请人未经批准，擅自在其经营的房产信息部门外设置广告。2009年12月3日，某市城市管理综合执法局执法人员发现后，对其进行口头警告，并于当日下发了《责令限期改正告知书》，责令其于当日下午6点之前改正违法行为。因申请人在规定期限内未改正其违法行为，被申请人根据《某市城市市容和环境卫生管理条例》的规定，对申请人作出行政处罚决定。某市城市管理综合执法局执法人员在送达该处罚决定时，因申请人拒绝在处罚决定书上签字，执法人员便在决定书上注明拒签，并认为该处罚决定书已经送达。2010年1月17日，申请人以自己没有在门口设置广告为由，向某市人民政府申请行政复议。

申请人认为，其经营的某房产信息部租赁的营业房在两楼中间，因门不在正街，申请人在门口摆了一个一米长的旧木板，上面写有房源广告，所以申请人没在户外设置广告。申请人不知道未经批准设置广告是违法的，被申请人执法人员也未向其告知过。

被申请人认为，被申请人执法人员对某街道未经批准乱贴、乱画、擅自设置户外广告牌的商户进行口头警告，并对不听劝告的商户逐家下发《责令限期改正告知书》。其中，包括申请人经营的某房产信息部。被申请人执法人员按照执法程序进行拍照取证。因申请人未在规定的期限内改正其违法行为，被申请人根据《某市城市市容和环境卫生管理条例》的规定，对申请人作出行政处罚决定。

行政复议机关认为，被申请人在对申请人作出行政处罚决定时，认定事实清楚，适用法律正确，但程序违法，拟撤销该行政处罚决定。被申请人意识到自己在送达程序上存在的瑕疵，自行撤销了该行政处罚决定，申请人撤回行政复议申请，行政复议机关制作了行政复议终止决定书。

焦点问题评析

本案涉及行政行为的送达程序存在瑕疵而导致行政行为无效的问题。本案的事实是清楚的，申请人未经批准，在其经营的房产信息部门外设置广告的违法事实证据确凿，被申请人对其违法行为拍照取证。被申请人在对申请人作出行政处罚前对其进行口头警告，并下发了《责令限期改正告知书》，履行了告知义务。被申请人根据《某市城市市容和环境卫生管理条例》第十五条第二款"未经市、县城市管理行政部门同意，不得利用树木和建筑物、构筑物、道路、广场及其附属设施悬挂或设置户外广告牌、宣传栏牌、阅报栏、霓虹灯、电子显示屏、雕塑及横（条）幅、彩旗、气球等"和第四十四条"违反本条例第十条第一款、第十五条第二、第三款规定，影响市容市貌的，责令改正。拒不改正的，强制拆除，并处50元以上500元以下罚款"之规定，对申请人作出行政处罚决定符合法律规定，但在送达程序上存在瑕疵。

送达是行政处罚程序的重要方面，也是执法办案时最容易忽略的薄弱环节。在处罚文书的送达过程中，有时会遇到当事人拒绝签收的情形。遇此情况，有些执法人员在送达回证上签名后，直接将行政处罚文书留在当事人处。这种送达方式有可能导致行政处罚决定无法生效。本案中执法人员的送达方式就属这种情况。行政处罚法律文书，只有依照法定程序和方式送达当事人，才能发生法律效力。因此，送达必须采取合法的方式。《行政处罚法》第四十条规定，行政处罚决定书应当在宣告后当场交付当事人；当事人不在场的，行政机关应当在 7 日内依照《民事诉讼法》的有关规定，将行政处罚决定书送达当事人。根据我国《民事诉讼法》的规定，送达有六种方式，即：直接送达、留置送达、委托送达、邮寄送达、转交送达、公告送达。《民事诉讼法》第七十七条规定，送达诉讼文书必须有送达回证，由受送达人在送达回证上记明收到日期，签名或者盖章。受送达人在送达回证上的签收日期为送达日期。

法律文书的送达遵循穷尽原则和顺序原则。所谓穷尽原则和顺序原则，指在送达法律文书时，应当穷尽各种送达方式，在可以通过直接送达（含留置送达）、邮寄送达（或者委托送达）的方式进行送达时，应当优先采用这两种送达方式。只有在无法找到当事人也无法采取其他方式送达的情况下，方可采取公告送达的形式。《民事诉讼法》第八十三条规定，受送达人下落不明，或者用本节规定的其他方法无法送达的，可以公告送达。该项规定明确了送达的穷尽原则和顺序原则。

《民事诉讼法》第七十八条规定了直接送达，而按照该条规定的直接送达方式不能送达时，应根据《民事诉讼法》第七十九条规定的留置送达方式办理，即受送达人或者其同住成年家属拒绝接收诉讼文书的，送达人应当邀请有关基层组织或者所在单位的代表到场，说明情况。在送达回证上说明拒收事由和日期，由受送达人、见证人签名或者盖章，把诉讼文书留在受送达人的住所，即视为送达。

但是在实践中，此规定操作起来比较困难，有的基层组织或单位人员找不到，或者找到也不愿意来，有的即使来了也不愿意见证。鉴于留置送达存在的上述问题，最高人民法院《关于适用〈中华人民共和国民事诉讼法〉若干问题的意见》第八十二条规定，受送达人拒绝接受诉讼文书，有关基层组织或者所在单位的代表及其他见证人不愿在送达回证上签字或盖章的，由送达人在送达回证上记明情况，把送达文书留在受送达人住所，即视为送达。

从本案情况看，申请人不同意在送达回证上签字，只要申请人没在送达回证上签名确认，也未记明签收日期，就不符合诉讼文书送达的法定条件，从法律上不能认定该法律文书已经送达，应当另行采取邮寄送达或委托送达等方式送达。因此，申请人拒绝接收行政处罚文书，按法律规定，执法人员应邀请有关基层组织或者所在单位的代表及任何见证人到场见证，但执法人员没有邀请任何第三人到场见证，而是在行政处罚决定书上注明拒签。单凭送达人自己在送达回执上说明情况，显然不足以证明法律文书已经送达，不符合法定送达程序。从本案可以看出，留置送达中邀请有关基层组织或者所在单位的代表到场至关重要，如果未邀请，则表明送达不合法，属于程序违法。申请人在行政复议申请中未提出送达问题，但行政复议机关从全面、公正、客观的审查行政行为的角度出发，建议行政机关自行纠正其错误行为。

办案体会

　　行政机关在办理行政处罚案件时，有些执法人员不重视处罚文书的送达，认为办理案件只要证据确凿充分，适用法律正确，就算成功办理了一起案件。然而处罚文书的送达在行政处罚程序中是相当重要的一个环节，如果没有按照法律规定的要求送达，那么将影响整个处罚案件的执法效果。该案提示行政机关，在实际工作中，在送达法律文书时，要严格按照法律的规定有效送达，防止因送达不规范而导致行政行为无效，并通过规范送达保障当事人的合法权益。

（宁夏回族自治区银川市人民政府法制办公室提供）

后　记

　　经过 8 个多月的努力，《行政复议典型案例选编》（第二辑）
如期与读者见面了。选入本书的案例共 57 个，是我们从各地方、
各部门报送的 200 多个案例中精心选出的，内容涉及山林土地确
权、海关、工商管理、劳动社会保障、政府信息公开等行政管理
的各个领域；问题涉及行政复议申请人资格认定、申请期限、受
案范围、审理方式、审查标准和指导监督等方面。入选的案例在
认定事实、适用法律、协调处理等方面都有示范作用和指导意
义，有一些还对完善相关法律制度具有启发意义。

　　法律的生命力在于实施。维护社会主义法制统一是各级政府
和工作人员的重要职责。中国特色社会主义法律体系形成之后，
确保法律统一实施的任务更加凸显。发挥典型案例的指导作用，
是确保法律统一实施的有效举措。各地方、各部门法制机构要组
织行政复议人员和行政执法人员认真学习、研究本书所收集的案
例，充分发挥案例对于指导办案实践、统一法律适用、促进依法
行政、提升执法水平的重要作用。

　　《行政复议典型案例选编》（第二辑）的编辑工作，得到了
各省级人民政府及国务院部门法制机构的大力支持，在此一并致
谢。我们力求结合工作实践选编出具有示范指导意义的案例，但
是囿于水平和条件所限，难免存在一些问题和不足，期望广大读
者多提宝贵意见，多予理解和支持。

本书编委会

2011 年 11 月

图书在版编目（CIP）数据

行政复议典型案例选编. 第2辑／郜风涛主编；国
务院法制办公室行政复议司编.—北京：中国法制出
版社，2011.11

ISBN 978 – 7 – 5093 – 3208 – 5

Ⅰ.①行… Ⅱ.①郜… ②国… Ⅲ.①行政复议 – 案
例 – 汇编 – 中国 Ⅳ.①D925.305

中国版本图书馆 CIP 数据核字（2011）第 209342 号

策划编辑　马　颖　　　责任编辑　马　颖　黄丹丹　　　封面设计　蒋　怡

行政复议典型案例选编. 第二辑
XINGZHENG FUYI DIANXING ANLI XUANBIAN. DIERJI

主编/郜风涛
　　　国务院法制办公室行政复议司编
经销/新华书店
印刷/三河市紫恒印装有限公司
开本/640×960 毫米 16　　　　　　　　印张/ 15.5　字数/ 171 千
版次/2011 年 12 月第 1 版　　　　　　　2011 年 12 月第 1 次印刷

中国法制出版社出版
书号 ISBN 978 – 7 – 5093 – 3208 – 5　　　　　　　　　定价：39.00 元

北京西单横二条 2 号　邮政编码 100031　　　　　　　传真：66031119
网址：http://www.zgfzs.com　　　　　　　编辑部电话：66034242
市场营销部电话：66033393　　　　　　　邮购部电话：66033288

《行政复议典型案例选编》（第一辑）

郜风涛主编

国务院法制办公室行政复议司编　定价：39 元

　　第一辑共 68 个案例，涉及土地征收、房屋拆迁、社会保障、工伤认定、安全生产、企业改制、环境保护、教育、医疗、食品药品安全、政府信息公开等领域。

《行政执法培训教材（五）——行政复议法教程》

郜风涛主编

国务院法制办公室行政复议司编　定价：45 元

　　本书共 10 章。前 2 章简要介绍了行政复议制度的基本原理和基本知识，通过中外、历史比较，从理论上、观念上澄清了行政复议领域的几个基本认识问题；中间 7 章以《行政复议法》及其实施条例的具体规定为主线，系统介绍了现行行政复议制度的主要内容，重点解决行政复议办案实践中经常遇到的操作问题；最后 1 章在分析现行行政复议制度存在的主要问题及成因基础上，综合新形势探讨了完善行政复议制度、创新行政复议体制机制的思路、方向和措施，提出了完善制度的总体构想和具体建议。